LES FLEURS
DU MAL

F^{LES}LEURS DU MAL

CHARLES BAUDELAIRE

*the complete text of THE FLOWERS OF EVIL
in a new translation by RICHARD HOWARD*

*illustrated with nine original monotypes
by MICHAEL MAZUR*

DAVID R. GODINE · PUBLISHER · BOSTON

First hardcover edition published in 1982 and
first softcover edition published in 1983 by
David R. Godine, Publisher, Inc.
Box 450, Jaffrey, New Hampshire 03452
www.godine.com

LIBRARY OF CONGRESS CATALOGING IN PUBLICATION DATA

Baudelaire, Charles, 1821–1867.
  Les fleurs du mal.

  Translation of: Les fleurs du mal.
  English & French
  I. Howard, Richard, 1929–   II. Title.
PQ2191.F6E4 1982   841'.8   81-13283
ISBN 0-87923-462-8 (sc)   AACR2

Fourteenth softcover printing, 2021

*Printed at McNaughton & Gunn
in Saline, Michigan, the United States of America*

'. . . a translation comes later than the original, and since the important works of world literature never find their chosen translators at the time of their origin, their translation marks their stage of continued life.'

—Walter Benjamin,

from 'The Task of the Translator,' his introduction to his translation of Baudelaire, 1923.

Contents

The Flowers of Evil

SPLEEN AND IDEAL

CONTENTS

Contents

LES FLEURS DU MAL

Contents

TABLEAUX PARISIENS

xv

Contents

xvii

FOREWORD

Here is one more translation of Baudelaire's poetry. If the reader is tempted to smile, I can avow I smile as well (and if to sigh, even so . . .) ; it is for such a reader I would express here the principles to which that smile appeals.

It is a translation of the whole of *Les Fleurs du Mal* with twenty additional poems not included in either edition published in the poet's lifetime. It is a translation of one poet by one poet, with constant reference to the Concordance, by which the Frenchman's lexical practices may be acknowledged if not recovered. Thus to proceed with a *corpus* engages the translator in a different attitude – compels a different enterprise – from a rendering of individual poems chosen out of that corpus. The emphasis here is not on the varnish to which a single poem is susceptible, but on the hope of articulating a sustained structure among all the poems. Like *Leaves of Grass, Les Fleurs du Mal* is a recognizable (if variable) entity, proposed by the poet as a cumulative whole. Some of the methods by which the poet arrives at such a unity, such a unison at least, are not within my reach. The reader will

notice that for the most part I have not sought to
make the verses rhyme (whereas Baudelaire *always*
rhymes when he writes in verse). Yet I have
schemed, conscious as I am of the obloquy James
Agate once cast upon a translator of *Cyrano*: 'He
refuses to rhyme and takes refuge in blank verse,
like a tight-rope walker whose wire is stretched
along the floor.' My scheming has sought other
means of getting the wire into the air; I have em-
ployed all the artifices in my power to make up for,
even to suggest, the consentaneous regularities
that the persistent use of rhyme affords. Here was
an occasion, it seemed to me, when the sacrifice
of a minor stratagem to a major one was in order –
eschewing 'terminal consonance' for the sake of
cumulative effects, that 'secret architecture' Baude-
laire so prided himself upon. Even in the slenderest
lyrics, when a rhyming music appears to be the
justification for everything – or at least for any-
thing – I have investigated other tactics for keeping
the poem suspended; for it has been my study to
acknowledge, first of all, a thematics that over-
shadows and underlies the melos.

His attention to thematics, however compen-
sated for, however blandished, implies the transla-
tor's trust in the accessibility of what the poetry is
'about' – call it the *mythology* of poetry. And surely
the mythology of Baudelaire, like the mythology
of Whitman, is as powerful as that of any poetry
to be found within the modernity that these two
helpless masters have – from our perspective –
founded. The adjective formed from his name joins
that extreme company – Platonic, Byronic, Rabe-
laisian, Freudian – of words that suggest a world
without our having had to read the writers who

have bestowed such qualifiers upon us. To be 'Baudelairean' in the fashion of Arthur Symons, a fashion of sensational Satanism, is of course not the same thing as to be 'Baudelairean' in that of Robert Lowell, a fashion of convulsive and confessional energy; implied mythologies rather than mere melodies are at variance. But it is in any case the translator's responsibility, and his doom, to engender a notion – the better for being the more conscious – of what the implications might be, though he himself cannot say what they are. Translating the work entire has suggested to me that there are so many more notes to be struck, or at least to be sounded, than my predecessors had intimated. Indeed the *intimate* was the first note which was new to me: a certain *private register*, which Gide compares to Chopin's and which I have tried for in especial.

Throughout, certainly, the undertaking has constrained me to an acknowledgment of the splendor and misery of cities, of bodies, an assent to that vast background of negativity against which finally rises the success of *Les Fleurs du Mal*. If I could not always love my originals, I have endeavored to serve them by an attempt to leave them alone, to get out of their way rather than to domesticate them. Baudelaire's poetry concerns us much more, and much more valuably, by its strangeness than by its familiarity: its authentic relation to us is its remoteness. Wanting to keep Baudelaire, I wanted to keep him at a certain distance.

The *Pléiade* edition of Baudelaire, established and annotated by Yves-Gérard Le Dantec, has been my source. I have attempted to dispense with notes, trusting to the understanding of the translation

rather than to its overbearing gloss; in a great poet
as in a great nation, to borrow Keats's phrase, 'the
work of an individual is of so little importance; his
pleadings and excuses are so uninteresting; his
"way of life" such a nothing: that a preface seems
a sort of impertinent bow to Strangers . . .' Thus
chastened, or charged with the sublimity of his
office, the translator eagerly makes way for his poet,
proud and humble in the necessary dosages.

I must acknowledge, though with no real effort
to repay, some serious debts: to my publisher David
Godine, whose suggestion that I undertake the
project has appeared, more often than even he could
divine, something like an offer of the last straw,
but whose commitment to 'our book' has sustained
me throughout; to my editor Sarah Saint-Onge,
whose devotion to Baudelaire repeatedly plucked
me back from 'departures' as from the brink of
an abyss; to four friends – a painter, a novelist, two
poets – who have read the manuscript through and
attempted to save me from many blunders; their
counsel has blended into an abiding vigilance which
I found indispensable, and I record my fondest
gratitude to David Alexander, to Sanford Friedman,
and to James Merrill and John Hollander. A word
more about the last: ever since we were in college
together, John Hollander's authority in literary
matters has been a resource to me, and I remember
as a kind of proleptic grace the effect his own trans-
lations of Baudelaire, some thirty years ago, had
upon my notions of what might be done, or at
least not left undone; I hope to have proved worthy
of those early and shared intuitions.

I am not certain it is a translator's place to
dedicate his efforts to anyone but his original,

yet I may say, surely, that this translation has been made during a period of mourning for a friend whose character and achievement continue to remind me of all I cherish, and not only in literary matters; so I inscribe the translation to the memory of Roland Barthes.

Richard Howard
December 1981

A BAUDELAIRE CHRONOLOGY

1819   The widower Joseph-François Baudelaire (aet. 61)
       marries Caroline Archimbaud-Dufaÿs (aet. 26).
1821   Charles-Pierre Baudelaire born in Paris on April 9; bap-
       tized at Saint-Sulpice, June 7.
1827   Baudelaire's father dies.
1828   Baudelaire's mother marries Captain Jacques Aupick
       (aet. 39).
1832   Baudelaire boards at the Collège de Lyon.
1836   Baudelaire boards at the Lycée Louis-le-Grand in Paris.
1839   Baudelaire expelled for lack of discipline; completes
       his studies at the Pension Levêque et Bailly, receives
       his bachelor's degree.
1841   Baudelaire lives independent of his family in Paris on
       an inheritance from his father. Distressed by the young
       man's apparently dissolute existence as well as by his
       refusal to prepare himself for any other career than that
       of a writer, the Aupicks send him on a long sea voyage;
       Baudelaire visits Mauritius and Ile Bourbon (Réunion).
1842   Baudelaire returns to Paris; meets Gautier, Banville; in
       June he rents a room on the Ile Saint-Louis – the Hash-
       ish Club meets in the building; accompanying Nadar to
       the theater, Baudelaire sees and falls in love with Jeanne
       Duval, a mulatto actress; he contracts the first of the
       debts which will harass him the rest of his life.
1843   Baudelaire collaborates with Prarond in a project for
       a play in verse; sends an admiring letter to Sainte-Beuve
       with a verse epistle; at least fifteen of what were to
       become *Les Fleurs du Mal* were composed by this time.
1844   Alarmed by her son's increasing improvidence, Mme
       Aupick appoints Désiré Ancelle as Baudelaire's legal
       guardian.

1845   Publication of Baudelaire's first signed works – the
        Salon of 1845, a 72-page pamphlet, and the poem 'To
        a Creole Lady' (signed Baudelaire-Dufaÿs). In June,
        Baudelaire informs Ancelle of his intention of commit-
        ting suicide after bequeathing all he owns to Jeannne
        Duval.

1846   Publication of the *Salon of 1846*; on the back of the
        work is announced the forthcoming publication of *Les
        Lesbiennes*, a collection of poems by the same author.

1847   Publication of the story *Le Fanfarlo*, imitated from
        Balzac; Baudelaire falls in love with Marie Daubrun, an
        actress; the Salon of 1847 reject Courbet's portrait of
        Baudelaire.

1848   General Aupick assigned to Constantinople as 'Ministre
        plénipotentiare'; before leaving, he reproaches his step-
        son for not breaking off with Jeanne Duval. Baudelaire
        breaks off relations with his mother; during the Revo-
        lution of 1848 he is heard to say he intends to shoot
        General Aupick; later Baudelaire abandons his revolu-
        tionary enthusiasm, to the point of adopting the views
        of Joseph de Maistre; begins translating Poe; announces
        the forthcoming publication of a collection of poems
        to be called *Les Limbes* (Limbo).

1849   Death of Edgar Allan Poe in Baltimore.

1850   Visit to Dijon (probably to escape creditors), joined
        by Jeanne Duval; secondary symptoms of a syphilitic
        infection contracted several years before.

1851   Publication of *Du Vin et du haschisch*; also of eleven
        poems as 'Les Limbes' which will appear in *Les Fleurs
        du Mal*. The Aupicks return from Constantinople, re-
        maining briefly in Paris, where Mme Aupick finds her
        son living in squalor, then joins her husband in Madrid.

1852   Publication of essay on Poe and further translation;
        Baudelaire meets and is attracted by Mme Apollonie
        Sabatier, for whom he writes a number of poems he
        sends her anonymously; separates from Jeanne Duval,
        promising always to look after her financial needs but
        swearing never to see her again.

1853   Baudelaire's physical and intellectual misery increases to
        the point where he is unable to reply to offers of theater
        directors who have asked for a libretto and a play.

Jeanne Duval is sick and penniless as well. General Aupick is named a Senator and returns to Paris. Despite his poverty, Baudelaire assumes funeral expenses of Jeanne Duval's mother.

1854 Baudelaire outlines the scenario of a play for the actor Tisserand. His debts increase. He informs his mother he intends to return to Jeanne Duval. Friendship with Barbey d'Aurevilly.

1855 Publication in *La Revue des Deux Mondes* of eighteen poems under the title *Les Fleurs du Mal*, though this title is not Baudelaire's but suggested to him by Hippolyte Babou. Baudelaire writes a letter to George Sand seeking a role for Marie Daubrun; first publication of some of the prose poems.

1856 Publication of a volume of Baudelaire's translations of Poe; Baudelaire signs a contract for a volume of poems entitled *Les Fleurs du Mal* with the publisher and bibliophile Poulet-Malassis. Quarrel with Jeanne Duval and another separation.

1857 Death of Senator Aupick; Mme Aupick retires to Honfleur. Publication of *Les Fleurs du Mal* in an edition of 1300 copies. The public prosecutor has the edition seized and issues a suit against Baudelaire and his publisher; the court condemns Baudelaire to a fine and orders the removal of six poems ('Lethe,' 'Jewels,' 'Lesbos,' 'Damned Women,' 'Against Her Levity,' 'Metamorphoses of the Vampire'); Baudelaire writes his essay on Flaubert, whose novel *Madame Bovary* had been condemned for indecency by the courts that same year; letter from Victor Hugo in Guernsey, praising *Les Fleurs du Mal*.

1858 Baudelaire's health extremely bad; urged by his mother to do so, he considers joining her in Honfleur, and makes two visits to her there; the Minister of Public Education awards Baudelaire a grant for his Poe translations; the fine for *Les Fleurs du Mal* is reduced; despite many quarrels, Baudelaire lives with Jeanne Duval; friendship with his publisher Poulet-Malassis increases, and Baudelaire spends two weeks as his guest at Alençon.

1859 Baudelaire sends 'Travelers' (*Le Voyage*) to Maxime Du Camp with a dedication; publication of essay on

Gautier as a pamphlet with a prefatory letter from Hugo (. . .'*un frisson nouveau*').

1860 New contract with Poulet-Malassis for a second edition of *Les Fleurs du Mal*; publication of *Les Paradis artificiels* and *Curiosités esthétiques*, as well as of what was to become *l'Art romantique*; Baudelaire suffers a minor cerebral stroke; writes essay on De Quincey, who has just died; moves into a Neuilly apartment, which he shares with Jeanne Duval.

1861 Publication of essay on Wagner; decides to write (and publish) *Mon coeur mis à nu*; decides to offer his candidacy for the Académie Française – discouraged from doing so by Sainte-Beuve; leaves the Neuilly apartment after quarrels with Jeanne Duval's 'brother'; publication of the second edition of *Les Fleurs du Mal* with thirty-five new poems, an edition of 1500 copies; new syphilitic symptoms; Baudelaire's finances reach a new low; Jeanne Duval is hospitalized; Baudelaire publishes his essay on Victor Hugo.

1862 Baudelaire signs contract for a third edition of *Les Fleurs du Mal*, though this comes to nothing, Poulet-Malassis having to flee to Brussels on account of bankruptcy; publication of Swinburne's enthusiastic essay on *Les Fleurs du Mal* in *The Spectator*; Baudelaire publishes an essay praising Whistler and Manet.

1863 Publication of Baudelaire's essay on Delacroix, who has just died, and of his essay on Constantin Guys; visit to Belgium.

1864 Baudelaire attempts to establish residence in Brussels, but his lectures there are a failure; his health and financial situation worsen.

1866 Publication of essays on Baudelaire by Mallarmé (aet. 23) and Verlaine (aet. 21). *Nouvelles Fleurs du Mal*, sixteen poems posterior to the second edition, published in Catulle Mendès's *Parnasse Contemporain*; Baudelaire's health worsens – his aphasia is almost complete – and he is hospitalized in Brussels; Mme Aupick arrives there, and with Poulet-Malassis takes the mute and half-paralyzed poet for drives around the city; Poulet-Malassis publishes 260 copies of *Epaves* (Wreckage), a pamphlet of twenty-three poems including the six condemned by the French courts; Baudelaire returns to Paris with his mother and is hospitalized in the sanatorium of Dr Duval, where he receives visits from Sainte-Beuve, Maxime Du Camp, Banville, Leconte de Lisle, Nadar, and Mme Paul Meurice, who plays Wagner to him on the piano.

1867　After months of suffering, Baudelaire asks for the sacraments, and dies (aet. 46) in his mother's arms. Baudelaire is buried in the cemetery of Montparnasse, beside General Aupick.

1868　Publication of Baudelaire's works, including the third edition of *Les Fleurs du Mal* and, the following year, *Le Spleen de Paris*.

1870　Nadar glimpses Jeanne Duval in the streets of Paris – the last knowledge we have of her.

1871　Death of Mme Aupick in Honfleur (aet. 78).

1887　Publication of posthumous works, correspondence, *Fusées* and *Mon Coeur mis à nu*.

Discussions of Baudelaire Significant to the Translation

Erich Auerbach	'The Aesthetic Dignity of *Les Fleurs du Mal*,' in *Scenes from the Drama of European Literature*, 1959.
Roland Barthes	'Baudelaire's Theatre,' in *Critical Essays*, 1972.
Georges Bataille	'Baudelaire,' in *La Littérature et le Mal*, 1957.
Walter Benjamin	'The Task of the Translator,' 'On Some Motifs in Baudelaire,' in *Illuminations*, 1969; *CB: A Lyric Poet in the Era of High Capitalism*, 1973.
Leo Bersani	*Baudelaire and Freud*, 1977.
Maurice Blanchot	'Une édition des *Fleurs du Mal*,' in *Faux Pas*, 1943; 'L'Echec de Baudelaire,' in *La Part du Feu*, 1949.
Yves Bonnefoy	'Les Fleurs du Mal,' in *L'Improbable*, 1959.
Michel Butor	*Histoire Extraordinaire, Essay on a Dream of Baudelaire's*, 1969.
R. T. Cargo	*Concordance to Baudelaire's* Les Fleurs du Mal, 1965.

T. S. Eliot	'Baudelaire,' in *Selected Essays*, 1930.
Pierre Emmanuel	*Baudelaire, The Paradox of Redemptive Satanism*, 1967.
Hugo Friedrich	'Baudelaire,' in *The Structure of Modern Poetry*, 1974.
André Gide	'Baudelaire et M. Faguet,' in *Nouveaux Prétextes*, 1921; 'Préface aux Fleurs du Mal,' in *Incidences*, 1924.
Pierre-Jean Jouve	*Tombeau de Baudelaire*, 1958.
Reinhard Kuhn	*The Demon of Noontide*, 1976.
Claude-Edmonde Magny	'Ce Grand Bélier: Baudelaire,' in *Littérature et Critique*, 1971.
Marcel Proust	'Sainte-Beuve et Baudelaire,' 'Apropos de Baudelaire,' in *Contre Sainte-Beuve*, 1971.
Jean-Pierre Richard	'Profondeur de Baudelaire,' in *Poésie et Profondeur*, 1955.
Jean-Paul Sartre	*Baudelaire*, 1947.
Pierre Schneider	'Baudelaire, Poète de la Fragmentation,' in *La Voix vive*, 1953.
Enid Starkie	*Baudelaire*, 1958.
Martin Turnell	*Baudelaire, A Study of his Poetry*, 1972.
Paul Valéry	'Situation de Baudelaire,' in *Variété II*, 1930.

THE FLOWERS OF EVIL

to the impeccable poet
to the perfect magician of French letters
to my beloved and revered master & friend
Théophile Gautier
with a sense of the deepest humility
I dedicate these sickly flowers

C.B.

To the reader

Stupidity, delusion, selfishness and lust
torment our bodies and possess our minds,
and we sustain our affable remorse
the way a beggar nourishes his lice.

Our sins are stubborn, our contrition lame;
we want our scruples to be worth our while –
how cheerfully we crawl back to the mire:
a few cheap tears will wash our stains away!

Satan Trismegistus subtly rocks
our ravished spirits on his wicked bed
until the precious metal of our will
is leached out by this cunning alchemist:

the Devil's hand directs our every move –
the things we loathed become the things we love;
day by day we drop through stinking shades
quite undeterred on our descent to Hell.

Like a poor profligate who sucks and bites
the withered breast of some well-seasoned trull,
we snatch in passing at clandestine joys
and squeeze the oldest orange harder yet.

Wriggling in our brains like a million worms,
a demon demos holds its revels there,
and when we breathe, the Lethe in our lungs
trickles sighing on its secret course.

If rape and arson, poison and the knife
have not yet stitched their ludicrous designs
onto the banal buckram of our fates,
it is because our souls lack enterprise!

5

But here among the scorpions and the hounds,
the jackals, apes and vultures, snakes and wolves,
monsters that howl and growl and squeal and crawl,
in all the squalid zoo of vices, one

is even uglier and fouler than the rest,
although the least flamboyant of the lot;
this beast would gladly undermine the earth
and swallow all creation in a yawn;

I speak of Boredom which with ready tears
dreams of hangings as it puffs its pipe.
Reader, you know this squeamish monster well,
– hypocrite reader, – my alias, – my twin!

Spleen and Ideal

1 ▸··· CONSECRATION

When by an edict of the sovereign powers
the Poet enters this indifferent world,
his mother, spurred to blasphemy by shame,
clenches her fists at a condoling God:

'Why not have given me a brood of snakes
rather than make me rear this laughing-stock?
I curse the paltry pleasures of the night
on which my womb conceived my punishment!

Since I am chosen out of all my sex
to bring this scandal to my bed and board,
and since I cannot toss the stunted freak,
as if he were a love-letter, into the fire,

at least I can transfer Your hate to him,
the instrument of all Your wickedness,
and so torment this miserable tree
that not one of its blighted buds will grow!'

Choking on her enmity, and blind
to operations of the eternal plan,
she readies in a Gehenna of her own
the torture-chamber of a mother's crimes.

Yet under an Angel's unseen tutelage
the outcast child, enchanted by the sun,
will recognize in all he eats and drinks
golden ambrosia and nectar of the gods.

With winds for playmate and with clouds for nurse,
he sings the very stations of his cross –
the Spirit who attends his pilgrimage
weeps to see him happy as a bird.

Those he longs to love give him wide berth,
or, since he offers no resistance, vie
to be the first to make him moan with pain,
testing their violence, one after the next.

Fouling the food that he is meant to taste,
they spit in his wine, mix ashes in his bread,
whatever he touches they declare unclean
and claim they fear to walk where he has been.

Meanwhile his wife, in public places, cries:
'Since he believes me worthy to adore,
I'll deal in worship as old idols did
and, like them, have myself touched up with gold;

why not? I'll glut myself with frankincense
and genuflections, gifts of meat and wine –
we'll see if in so reverent a heart
my smile usurps the honor of the gods!

and when I weary of these impious tricks
the time will come for a laying-on of hands:
these frail and adamant hands, these harpies' nails
will claw their way into his waiting breast;

as if a sparrow trembled in my fist
I'll tear his beating heart out of his flesh
and toss it underfoot disdainfully
to make a mouthful for my favorite pet!'

To Heaven where he sees a splendid throne
the oblivious Poet lifts his pious arms,
and blinding flashes of his intellect
keep him from noticing the angry mob:

'Thanks be to God, Who gives us suffering
as sacred remedy for all our sins,

that best and purest essence which prepares
the strong in spirit for divine delights!

I know the Poet has a place apart
among the holy legions' blessed ranks;
You will invite him to the eternal feast
of Dominations, Virtues, Thrones and Powers:

I know that pain is the one nobility
upon which Hell itself cannot encroach;
that if I am to weave my mystic crown
I must braid into it all time, all space . . .

But even the lost gems of ancient Palmyra,
metals sunk in the earth, pearls in the sea,
set by Your hand, could not approximate
the brightness of this perfect diadem!

for it will be made of nothing but pure light
drawn from the hallowed hearth of primal rays,
of which our mortal eyes, for all their might,
are only a mournful mirror, a darkened glass.'

2   THE ALBATROSS

Often, to pass the time on board, the crew
will catch an albatross, one of those big birds
which nonchalantly chaperone a ship
across the bitter fathoms of the sea.

Tied to the deck, this sovereign of space,
as if embarrassed by its clumsiness,
pitiably lets its great white wings
drag at its sides like a pair of unshipped oars.

13

How weak and awkward, even comical
this traveller but lately so adroit –
one deckhand sticks a pipestem in its beak,
another mocks the cripple that once flew!

The Poet is like this monarch of the clouds
riding the storm above the marksman's range;
exiled on the ground, hooted and jeered,
he cannot walk because of his great wings.

3 }&—   ELEVATION

Above the lake in the valley and the grove
along the hillside, high over the sea
and the passing clouds, and even past the sun!
to the farthest confines of the starry vault

mount, my spirit, wander at your ease
and range exultant through transparent space
like a rugged swimmer revelling in the waves
with an unutterable male delight.

Ascend beyond the sickly atmosphere
to a higher plane, and purify yourself
by drinking as if it were ambrosia
the fire that fills and fuels Emptiness.

Free from the futile strivings and the cares
which dim existence to a realm of mist,
happy is he who wings an upward way
on mighty pinions to the fields of light;

whose thoughts like larks spontaneously rise
into the morning sky; whose flight, unchecked,
outreaches life and readily comprehends
the language of flowers and of all mute things.

4 ❧— CORRESPONDENCES

The pillars of Nature's temple are alive
and sometimes yield perplexing messages;
forests of symbols between us and the shrine
remark our passage with accustomed eyes.

Like long-held echoes, blending somewhere else
into one deep and shadowy unison
as limitless as darkness and as day,
the sounds, the scents, the colors correspond.

There are odors succulent as young flesh,
sweet as flutes, and green as any grass,
while others – rich, corrupt and masterful –

possess the power of such infinite things
as incense, amber, benjamin and musk,
to praise the senses' raptures and the mind's.

5 ❧— 'I PRIZE THE MEMORY . . .'

I prize the memory of naked ages when
Apollo relished gilding marble limbs
whose agile-fleshed originals achieved
their ecstasy with neither fraud nor fear
and, nursed by that companionable sky,
enjoyed the health of a sublime machine.
Cybele then, abundant in her yield,
did not regard her sons as burdensome,
but, tender-hearted she-wolf, graciously
suckled the universe at her brown dugs.
Lithe and powerful, a man deserved
his pride in beauties who called him their king –
flawless fruit engendered without shame,
whose ripened flesh asked only to be tried!

Today the poet eager to recall
such human splendor, visiting the sites
where men and women show their nakedness,
must feel a cold revulsion in his soul
at the display of flesh he contemplates.
How these deformities cry out for clothes!
– wretched bodies, regular grotesques,
runty, paunchy, flabby, scrawny, lame,
brats whom Utility, a pitiless god,
has swaddled in his brazen diapers!
Look at the women – pale as tallow, gnawed
and nourished by debauch – the girls who bear
the burden of their mothers' vice or wear
the hideous stigmas of fecundity!

True, in our corruption we possess
beauties unrevealed to ancient times:
countenances cankered by the heart
and, so to speak, the charm of listlessness;
but subtle though they are, such artifacts
of a belated muse will never keep
our sickly race from offering to youth
its truest homage; youth we worship still,
its frank expression, its untroubled brow,
its eyes as bright as water; sacred youth
that shares – unconscious as a singing bird,
a flower, or the blue sky's radiance –
its song, its scent, its irresistible warmth!

6 ﴾ﷻ﴿ GUIDING LIGHTS

Rubens
Garden of Sloth, Lethe's fountainhead,
pillow of flesh where no dream is of love
but where life seethes and surges endlessly
like wind in heaven, sea within the sea;

Leonardo
A mirror somber in its distances
where charming angels with a mysterious
gentle smile appear beneath the shade
of pines and glaciers which enclose their realm;

Rembrandt
Sorry hospital echoing with sighs,
adorned by one enormous crucifix,
where tearful prayers rise from excrement
and a sudden ray of winter sunlight falls;

Michelangelo
No man's land where every Hercules
becomes a Christ, where mighty phantoms rise
bolt upright from their graves and in the gloom
rend their shrouds by reaching out their hands;

Puget
Faun's impudence and a prize-fighter's rage,
jaundiced and weak, your great heart gorged with pride
that you could find the beauty in their crimes –
you, the convicts' melancholy emperor;

Watteau
Festivities where many famous hearts
flutter like moths as they go up in flame,
the chandeliers in this enchanted glade
cast a madness on the minuet;

Goya
Nightmare crammed with unfathomable things,
witches roasting foetuses in a pan,
crones at a mirror served by naked girls
who straighten stockings to entice the Fiend;

Delacroix
Evil angels haunt this lake of blood
darkened by the green shade of the firs,
where under a stricken sky the trumpet-calls
like a fanfare by Weber fade away . . .

These blasphemies, these ecstasies, these cries,
these groans and curses, tears and *Te Deums*,
re-echo through a thousand labyrinths –
a holy opium for mortal hearts!

A thousand sentries pass the order on,
a cry repeated by a thousand messengers;
hunters shout it, lost in the deep woods;
the beacon flares on a thousand citadels!

This, O Lord, is the best evidence
that we can offer of our dignity,
this sob that swells from age to age and dies
out on the shore of Your eternity!

7   THE SICK MUSE

Good morning, Muse – what's wrong? Something you
  last night is left in your hollow eyes;   [saw
  your color's bad, your cheeks are cold
with horror, with madness! – and you don't say a word.

Are you silenced by the love and fear dispensed
  by greenish vampires, rosy ghouls?
  Or sunk in some legendary bog,
held under by nightmare's unrelenting fist?

Not like this . . . I want you safe and sound,
  thinking fit thoughts, breathing deep,
  your Christian bloodstream coursing strong

and steadfast as the copious Classical vein
    in the double realm of Pan and Apollo –
    Lord of the Harvest, Father of Song.

8 ⌂— THE MUSE FOR HIRE

My palace-loving Muse, can you afford –
once January launches out of the North
night after night of desolating snow –
the coals to comfort your frostbitten feet?

Are streetlamps through your shutters stove enough
to make your huddled shoulders warm again?
When your belly is as empty as your purse,
what will you do – harvest the stars for gold?

Try other ways to earn your nightly bread:
suppose you swing a censer (just for show)
and like a choirboy mumble all the hymns;

or, naked as an acrobat, reveal
laughing charms so wet with secret tears
they rouse the tired businessman to pay.

9 ⌂— THE BAD MONK

There was a time when all refectory walls
were frescoed with the images of Truth
whose influence, kindling pious appetite,
tempered the chill of their austerity.

Christ was the Master then, and more than one
illustrious (and unremembered) monk
would scour the cemetery for his theme
and for his models, glorifying Death.

My habitation for eternity
is standing bare, the tomb that is my soul –
I haunt the naked walls of this sad place . . .

O slothful cenobite! When shall I make
the living pageant of my misery
into the work of my hands and the love of my eyes?

10 ‮ -- THE ENEMY

My youth was nothing but a lowering storm
occasionally lanced by sudden suns;
torrential rains have done their work so well
that no fruit ripens in my garden now.

Already the autumn of ideas has come,
and I must dig and rake and dig again
if I am to reclaim the flooded soil
collapsing into holes the size of graves.

I dream of new flowers, but who can tell
if this eroded swamp of mine affords
the mystic nourishment on which they thrive . . .

Time consumes existence pain by pain,
and the hidden enemy that gnaws our heart
feeds on the blood we lose, and flourishes!

11 ‮ -- ARTIST UNKNOWN

Flesh is willing, but the Soul requires
        Sisyphean patience for its song.
Time, Hippocrates remarked, is short
        and Art is long.

No illustrious tombstones ornament
    the lonely churchyard where I often go
to hear my heart, a muffled drum, parade
        incognito.

'Many a gem,' the poet mourns, abides
    forgotten in the dust,
        unnoticed there;

'many a rose' regretfully confides
    the secret of its scent
        to empty air.

12   PREVIOUS EXISTENCE

I lived a long time under vast porticoes
whose splendors altered with the sea all day;
by evening their majestic pillars turned,
row after row, into tall basalt caves.

Solemn and magical the waves rolled in
bearing images of heaven on the swell,
blending the sovereign music that they made
with sunset colors mirrored in my eyes.

There I lived, in a rapture of repose,
amid the glories of that sky, that sea,
and I had naked slaves, perfumed with musk,

to fan me by the hour with rustling fronds,
and their one study was to diagnose
the secret torment which had sickened me.

13 &— GYPSIES ON THE ROAD

The prophet-tribe with burning eyes set out
yesterday, women bearing on their backs
brats whose clamorous greed is satisfied
by offering an ever-ready dug;

beside a wagon sheltering their brood
the men trudge, shouldering their oily guns
and gazing nowhere, eyelids heavier
for having lost their castles in the air.

The cricket hidden in its sandy lair
sings all the louder as they pass;
a favoring Goddess makes the desert bloom,

and where they wander springs transform the rock,
these vagabonds in front of whom unfurl
familiar empires of oncoming night.

14 &— MAN AND SEA

Man – a free man – always loves the sea
and in its endlessly unrolling surge
will contemplate his soul as in a glass
where gulfs as bitter gape within his mind.

Into this image of himself he dives,
his arms and eyes wide open and his heart
sometimes diverted from its own dead march
by the tides of that untamable complaint.

How grim their combat, and yet how discreet
– who has sounded to its depths the human heart?
and who has plucked its riches from the sea? –
so jealously they guard their secrets, both!

Countless the ages past and still to come
in which they wage their unrelenting war
for sheer delight in carnage and in death,
implacable brothers and eternal foes!

15 &— IMPENITENT

When Don Juan went down to that last river
    and had given Charon his coin,
a grim beggar proud as the first Cynic
    vengefully rowed him across.

Women parading their fallen breasts
    writhed in the darkness behind him,
and their moans faded like the lowing
    of cattle led to slaughter.

Grinning, Sganarelle demanded his pay,
    while Don Luis, in a fury,
cursed from the shades lining the shore
    a son who mocked his father.

Veiled and trembling, Elvira beckoned
    the false husband – the lover! –
imploring repeatedly one last smile
    sweet as his first promise.

Huge in armor the Stone Guest towered
    at the prow where the stream divided;
but over his sword the hero stared at the wake
    and calmly ignored them all.

16 &— THE PUNISHMENT OF PRIDE

Once upon a time, in the wondrous age
of theological splendors, runs the tale,

23

one of the greatest Doctors of the Church,
having wakened many slumbering hearts
and plumbed them to their pandemonic depths,
having risen to celestial heights
by ways unheard-of, even to himself,
where only the Pure in Spirit can have climbed –
this man, as one above himself and moved
to panic by Satanic pride, exclaimed:
'Little Jesus! I have raised Thee up;
yet had I sought to pierce Thy armor's chink,
Thy shame would be the equal of Thy fame,
and Thou no more than a vile homunculus!'

Upon the instant, Reason's light went out
and darkness shrouded this once-searching mind;
Chaos made her shrine within a skull
which once had been a living temple filled
with opulence and ceremonial speech!
Night and silence were its tenants now,
as in a cellar when the key is lost.
Henceforth he was no more than an animal,
knowing neither season, day, nor hour,
and when he stumbled blindly through the fields,
filthy and futile as a worn-out thing,
the children laughed and chased him, throwing stones.

17 &~ BEAUTY

Conceive me as a dream of stone:
my breast, where mortals come to grief,
is made to prompt all poets' love,
mute and noble as matter itself.

With snow for flesh, with ice for heart,
I sit on high, an unguessed sphinx

begrudging acts that alter forms;
I never laugh – and never weep.

In studious awe the poets brood
before my monumental pose
aped from the proudest pedestal,

and to bind these docile lovers fast
I freeze the world in a perfect mirror:
the timeless light of my wide eyes.

18   THE IDEAL

My heart is closed to belles in curlicues,
those worshipped beauties of a shopworn age
when fingers were for spinets and when feet
wore out six pairs of silver-buckled shoes.

I leave to Gavarni, anemia's laureate,
his twittering flock of insubstantial girls –
in all those sallow blossoms who could find
one rose to reconcile my red ideal?

This heart is cavernous and it requires
Lady Macbeth and an aptitude for crime,
some Aeschylean flower of the South,

or Michelangelo's great daughter, Night,
who slumbrously contorts the marble charms
he carved to satiate a titan's mouth.

19   GIANTESS

Had I been there when primal Nature teemed
with monstrous progeny, I would have tried

to live beside some mammoth girl, the way
a cat will sprawl at the feet of a queen;

loving to watch her ripen (body and soul
growing tremendous with her terrible games),
to guess from rainclouds darkening her eyes
what thunderbolts were gathered in her heart;

scaling the slopes of her enormous knees,
to saunter through the landscape of her lap,
and when the fetid summers made her stretch

herself across the countryside, to sleep
untroubled in the shadow of her breasts
like a peaceful village at the mountain's base.

20 ── JEWELS

My darling was naked, or nearly, for knowing my heart
she had left on her jewels, the bangles and chains
whose jingling music gave her the conquering air
of a Moorish slave on days her master is pleased.

Whenever I hear such insolent harmonies,
that scintillating world of metal and stone
beguiles me altogether, and I am enthralled
by objects whose sound is a synonym for light.

For there she lay on the couch, allowing herself
to be adored, a secret smile indulging
the deep and tenacious currents of my love
which rose against her body like a tide.

Eyes fixed on mine with the speculative glare
of a half-tamed tiger, she kept altering poses,
and the incorporation of candor into lust
gave new charms to her metamorphoses;

calmly I watched, with a certain detachment at first,
as the swanlike arms uncoiled, and then the legs,
the sleek thighs shifting, shiny as oil,
the belly, the breasts – that fruit on my vine –

clustered, more tempting than wicked cherubim,
to undermine what peace I had achieved,
dislodging my soul from its rock-crystal throne
of contemplation, once so aloof, so serene.

As if a new Genesis had been at work,
I saw a boy's torso joined to Antiope's hips,
belying that lithe waist by those wide loins . . .
O the pride of rouge upon that tawny skin!

And then, the lamp having given up the ghost,
the dying coals made the only light in the room:
each time they heaved another flamboyant sigh,
they flushed that amber-colored flesh with blood!

21   THE MASK

ALLEGORICAL STATUE IN THE STYLE
OF THE RENAISSANCE

It is a legacy of Tuscan skill;
in ripples of her surging musculature
see how the holy sisters, Power and Grace,
sustain this woman's beauty in a form
so faultless as to seem miraculous –
taking pride of place above rich beds
to charm a prince's leisure, or a pope's . . .

Notice the faint voluptuous smile that shows,
that *shares*, the consummation of Desire;
observe that teasing glance which penetrates
the subtle coquetry of gauzy veils

around a face whose every feature speaks,
not just the parted lips too shy to boast:
'When Lust commands me, even Love obeys!'
Look how the languor in her posture adds
a sweet submission to such majesty;
come closer – walk around her loveliness . . .

What blasphemy of art is this! Upon
a body made to offer every bliss
appear . . . two heads! Some kind of monster? No –

one is merely a mask – a grinning cheat
this smile articulated so cunningly!
Look there: contorted in her misery,
the actual head, the woman's countenance
lost in the shadow of the lying mask . . .
Pathos of true beauty! the bright tears
trickle into my astonished heart;
your lie intoxicates me, and my soul
slakes its passion in your brimming eyes!

– Why is she weeping? Surely such a face
would put all mankind, vanquished, at her feet!
What secret evil feeds on her firm flesh?

– She weeps, you fool, for having lived! and for
living – yet what she laments the most,
what makes her body tremble head to toe,
is that tomorrow she will have to live,
and all tomorrows after – like ourselves!

22 ⌘– HYMN TO BEAUTY

Do you come from on high or out of the abyss,
O Beauty? Godless yet divine, your gaze
indifferently showers favor and shame,
and therefore some have likened you to wine.

Your eyes reflect the sunset and the dawn;
you scatter perfumes like a windy night;
your kisses are a drug, your mouth the urn
dispensing fear to heroes, fervor to boys.

Whether spawned by hell or sprung from the stars,
Fate like a spaniel follows at your heel;
you sow haphazard fortune and despair,
ruling all things, responsible for none.

You walk on corpses, Beauty, undismayed,
and Horror coruscates among your gems;
Murder, one of your dearest trinkets, throbs
on your shameless belly: make it dance!

Dazzled, the dayfly flutters round your wick,
crackles, flares, and cries: I bless this torch!
The pining lover for his lady swoons
like a dying man adoring his own tomb.

Who cares if you come from paradise or hell,
appalling Beauty, artless and monstrous scourge,
if only your eyes, your smile or your foot reveal
the Infinite I love and have never known?

Come from Satan, come from God – who cares,
Angel or Siren, rhythm, fragrance, light,
provided you transform – O my one queen!
this hideous universe, this heavy hour?

23 — BY ASSOCIATION

These warm fall nights I breathe, eyes closed, the scent
of your welcoming breasts, and thereupon appears
the coast of maybe Malabar – some paradise
besotted by the sun's monotonous fire;

an idle isle where Nature grants to men
with bodies slim and strong, to women who
meet your eye with amazing willingness,
the rarest trees, the ripest fruit; and then,

guided by your fragrance to enchanted ground,
I glimpse a harbor filled with masts and sails
still troubled by the slow-receding tide,

while the aroma of green tamarinds
dilates my nostrils as it drifts to sea
and mingles in my soul with the sailors' song.

24 ⏀— THE HEAD OF HAIR

Ecstatic fleece that ripples to your nape
and reeks of negligence in every curl!
To people my dim cubicle tonight
with memories shrouded in that head of hair,
I'd have it flutter like a handkerchief!

For torpid Asia, torrid Africa
– the wilderness I thought a world away –
survive at the heart of this dark continent . . .
As other souls set sail to music, mine,
O my love! embarks on your redolent hair.

Take me, tousled current, to where men
as mighty as the trees they live among
submit like them to the sun's long tyranny;
ebony sea, you bear a brilliant dream
of sails and pennants, mariners and masts,

a harbor where my soul can slake its thirst
for color, sound and smell – where ships that glide

among the seas of golden silk throw wide
their yardarms to embrace a glorious sky
palpitating in eternal heat.

Drunk, and in love with drunkenness, I'll dive
into this ocean where the other lurks,
and solaced by these waves, my restlessness
will find a fruitful lethargy at last,
rocking forever at aromatic ease.

Blue hair, vault of shadows, be for me
the canopy of overarching sky;
here at the downy roots of every strand
I stupefy myself on the mingled scent
of musk and tar and coconut oil for hours . . .

For hours? Forever! Into that splendid mane
let me braid rubies, ropes of pearls to bind
you indissolubly to my desire –
you the oasis where I dream, the gourd
from which I gulp the wine of memory.

25 ⊱— 'URN OF STILLED SORROWS . . .'

Urn of stilled sorrows, I worship you
as if you were the dome of night itself,
and all the more because you turn away
and seem, for setting off my darkness, more
mockingly to magnify the space
which bars me from those blue immensities.

I lay my siege, advance to the attack
like worms that congregate around a corpse,
and prize that cold disdain, o cruel beast,
which makes you even lovelier to me!

26 ﷼— 'YOU'D SLEEP WITH ANYONE . . .'

You'd sleep with anyone at all, you slut!
(A clue to just how bored you are and just
how brutal boredom makes your soul.) To keep
your teeth incisive for this singular sport,
you claim a daily ration of . . . fresh hearts!
Your eyes, lit up like shops to lure their trade
or fireworks in the park on holidays,
insolently make use of borrowed power
and never learn (you might say, 'in the dark')
what law it is that governs their *good looks*.

Blind and unfeeling instrument of pain,
my salutary leech, how could you fail
to see in every mirror that you pass
your 'charms' go pale if not quite blank with shame . . .
How could you help wincing at the scope
of all the knowing harm you perpetrate
when Nature, noted for mighty subterfuge,
avails herself of you, My Queen of Sins
– of you, vile animal! – to breed a genius?
O squalid dignity . . . Sublime disgrace!

27 ﷼— SED NON SATIATA

Daughter of darkness, slattern deity
rank with musk and nicotine, the spawn
of filthy covens or a shaman's rites
ebony fetish, nameless talisman . . . And yet

to wine, to opium even, I prefer
the elixir of your lips on which love flaunts
itself; and in the wasteland of desire
your eyes afford the wells to slake my thirst.

Seal them, those sooty holes from which your soul
rains hellfire too, relentless sorceress!
I am no Styx, to cradle you nine times,

alas! and cannot with some Fury's lust,
to break your spirit and your heart, become
in your bed's inferno . . . Persephone!

28 〄— 'Even When She Walks . . .'

Even when she walks she seems to dance!
Her garments writhe and glisten like long snakes
obedient to the rhythm of the wands
by which a fakir wakens them to grace.

Like both the desert and the desert sky
insensible to human suffering,
and like the ocean's endless labyrinth
she shows her body with indifference.

Precious minerals form her polished eyes,
and in her strange symbolic nature where
angel and sphinx unite, where diamond,

gold, and steel dissolve into one light,
shines forever, useless as a star,
the sterile woman's icy majesty.

29 〄— As If A Serpent Danced

Dear indolent! I love to see
    with every move you make
the iridescence of your skin
    gleam like watered silk.

On your resilient head of hair,
      unfathomable sea
of acrid curls that veer from brown
      to blue inconstancies,

my dreamy soul weighs anchor, sails
      for undiscovered skies
like a galleon in the morning watch
      under a freshening wind.

Cruel? Kind? Your eyes reveal
      nothing but themselves:
cold as a pair of brooches made
      of gold inlaid with steel.

And when you walk to cadences
      of sinuous nonchalance,
it looks as if a serpent danced
      in rhythm to a wand.

Under the burden of your sloth,
      your head – just like a child's –
lolls with all the wobbly grace
      of a baby elephant;

your body lists and rights itself
      like a clipper in high seas,
rolling from side to side until
      the spray has soaked its spars.

And like a current swollen by
      the melt of clashing ice,
when the saliva in your mouth
      surges through your teeth,

I seem to drink a devil's brew,
      salt and sovereign,

as if the sky had liquefied
    and strewn my heart with stars!

30 ⊱— CARRION

Remember, my soul, the thing we saw
    that lovely summer day?
On a pile of stones where the path turned off,
    the hideous carrion –

legs in the air, like a whore – displayed,
    indifferent to the last,
a belly slick with lethal sweat
    and swollen with foul gas.

The sun lit up that rottenness
    as though to roast it through,
restoring to Nature a hundredfold
    what she had here made one.

And heaven watched the splendid corpse
    like a flower open wide –
you nearly fainted dead away
    at the perfume it gave off.

Flies kept humming over the guts
    from which a gleaming clot
of maggots poured to finish off
    what scraps of flesh remained.

The tide of trembling vermin sank,
    then bubbled up afresh
as if the carcass, drawing breath,
    by *their* lives lived again

and made a curious music there –
    like running water, or wind,

or the rattle of chaff the winnower
    loosens in his fan.

Shapeless – nothing was left but a dream
    the artist had sketched in,
forgotten, and only later on
    finished from memory.

Behind the rocks an anxious bitch
    eyed us reproachfully,
waiting for the chance to resume
    her interrupted feast.

– Yet you will come to this offence,
    this horrible decay,
you, the light of my life, the sun
    and moon and stars of my love!

Yes, you will come to this, my queen,
    after the sacraments,
when you rot underground among
    the bones already there.

But as their kisses eat you up,
    my Beauty, tell the worms
I've kept the sacred essence, saved
    the form of my rotted loves!

31   DE PROFUNDIS CLAMAVI

I beg Your mercy – You, the One I Love!
Out of the depths my heart has plumbed, I cry –
the skies are lead, and no horizon pales:
I share this night with blasphemy and dread.

A frozen sun hangs overhead six months;
the other six, the earth is in its shroud –

no trees, no water, not one creature here,
a wasteland naked as the polar north!

Of all the abominations none
is half so cruel as that sun of ice
and darkness worthy of old Chaos itself;

I envy the lot of the lowest animal
that can surrender to a stupid sleep –
so slowly does the skein of time unwind!

32 ⟡— THE VAMPIRE

Sudden as a knife you thrust
into my sorry heart
and strong as a host of demons came,
gaudy and libertine,

to make in my corrupted mind
your bed and bedlam there;
– Beast, who bind me to you close
as convict to his chains,

as gambler to his winning streak,
as drunkard to his wine,
close as the carrion to its worms –
I curse you! Be accursed!

I begged the sword by one swift stroke
to grant me liberty;
nor did my cowardice disdain
less clear-cut remedies.

Poison and steel, as with one voice,
contemptuously refused:
'You are not worthy to be free
of your enslavement, fool!

Suppose we saved you, even now,
    from her supremacy –
your kisses would resuscitate
    your vampire's waiting corpse!'

33 ﷼ LETHE

Sullen, lazy beast! creep close
until you lie upon my heart;
I want to fill my trembling hands
with your impenetrable mane,

to soothe my headache in the reek
of you that permeates your skirts
and relish, like decaying flowers,
the redolence of my late love.

In drowsiness sweet as death itself
let my insistent kisses cloud
the gleaming copper of your skin.
I want to sleep – not live, but sleep!

For nothing silences my sobs
like the abyss that is your bed:
oblivion occupies your mouth
and Lethe runs between your lips . . .

My destiny is my desire
which I obey as if foredoomed:
innocent martyr, eager prey
whose fervor hones his agony;

hemlock is sweet, nepenthe kind –
I'll suck enough to drown my spite
at those entrancing pointed breasts
which never have confined a heart.

34   'I SPENT THE NIGHT . . .'

I spent the night with a gruesome Jewish whore,
and lying there, a corpse beside a corpse,
I fell to dreaming, close to that hired flesh,
of the sad beauty desire denies itself.

I conjured up her natural majesty,
the energy and grace that arm her glance,
the perfumed helmet that her hair creates,
whose memory wakens me to love once more . . .

O to have idolized that noble flesh,
and from your marble feet to your black mane
to have squandered all the kisses I had saved!

If only by a single easy tear
some night you would consent, my cruel queen,
to dim the splendor of those icy eyes.

35   POSTHUMOUS REGRET

The time will come when your dark loveliness
must sleep alone beneath a marble slab
and keep no couch or canopy but this:
a rainy graveyard and a seeping pit.

And when the tombstone overrides your breast
and thighs that once were lithe with unconcern
– denying your heart its rhythms of desire,
your feet the primrose path they used to race –

the Grave, to which I tell my infinite dream
(for graves will always have the poet's trust)
on those high nights when sleep is held in scorn

will ask: 'What help is it to you, vain whore,
not to have known what it is the Dead lament?'
And worms will gnaw your flesh, like a regret.

36 &--- THE CAT

Come here, kitty – sheathe your claws!
    Lie on my loving heart
and let me sink into your eyes
    of agate fused with steel.

When my fingers freely caress
    your head and supple spine,
and my hand thrills to the touch
    of your electric fur,

my mistress comes to mind. Her gaze –
    cold and deep as yours,
my pet – is like a stab of pain,

    and from head to heels
a subtle scent, a dangerous perfume,
    rises from her brown flesh.

37 &--- DUELLUM

Two warriors have engaged in combat: swords
flash and clash together; blood is spilled.
Such passages of arms are the result
of love in its early phase, a loud pursuit.

The blades are broken – like our youth, my dear:
no more than teeth and nails, discreetly filed,
must try where sword and tricky dagger failed.
– O rage of ripened hearts at grips with love!

Our heroes, wickedly entwined, have rolled
into the lynx-infested gulley where
their flesh will fertilize the greedy thorns;

the place is Hell, and crowded with our friends,
so leap right in, my heartless Amazon,
to keep our hatred's fire perpetual.

38 ❧ THE BALCONY

Mother of memories, absolute mistress,
in you my pleasure is my only task:
not to forget the form of a caress,
the dying fire and the alluring dark –
    mother of memories, absolute mistress!

Evenings illustrated by living coals
and evenings on the balcony, pink mist
rising, your soft breast, your gentle heart,
while we rehearsed the imperishable words –
    evenings illustrated by living coals.

How brilliant the sunsets, how warm the air,
how huge the sky: the size of our own souls.
Holding you, most loved – no, revered!
I could almost smell the fragrance of your blood –
    how brilliant the sunsets, how warm the air!

The night solidified into a wall,
and my eyes had to guess where yours would be
as I drank in your breath: nectar! venom!
and your feet lay still in my harmless hands:
    the night solidified into a wall.

I know the art of conjuring up delight,
and I relive my past buried in your lap;

41

for beauty languorous as yours recurs
only in your loved body, your loving heart:
    I know the art of conjuring up delight.

Those endless kisses, promises, perfumes:
is it forbidden to have them back again
out of the dark, like the sun rising new
out of its purgation in the sea?
    O endless kisses, promises, perfumes!

39   POSSESSED

The sun is in mourning. Be like the sun,
moon of my life, swathe yourself in crepe,
sleep, smoke, whatever – be still or glum,
plummet to the depths of boredom's pit –

I love you there. But if now your whim –
like the moon leaving her eclipse behind –
is to strut in the places where Folly throngs,
so be it! Lovely dagger, leave your sheath!

Light your eyes in the gaslamps' glow,
light others' with their lust for you . . .
Anything goes: sullen or submissive,

be what you will, black night, red dawn –
each nerve of my trembling body cries:
'Dear Demon, with this I thee worship!'

40   A PHANTOM

I

THE SHADOWS

Dejection has its catacombs
to which Fate has abandoned me;

no light comes, and I am left
with Night, a sullen cell-mate –

as if a scoffing God had forced
my hand to fresco . . . silhouettes!
Here with grisly appetite
I grill and devour my heart,

but then a shape looms, shining,
and as it moves it modifies:
a lovely . . . something – is there not

all the East in its easy way?
I know my visitor! *She* comes,
black – yet how that blackness glows!

2

THE PERFUME

Reader, you know how a church can reek
from one grain of incense you inhale
with careful greed – remember the smell?
Or the stubborn musk of an old sachet?

The spell is cast, the magic works,
and the present is the past – restored!
So a lover from beloved flesh
plucks subtle flowers of memory . . .

In bed her heavy resilient hair
– a living censer, like a sachet –
released its animal perfume,

and from discarded underclothes
still fervent with her sacred body's
form, there rose a scent of fur.

3
THE FRAME

As the fine frame completes a canvas
(even one from a master's hand),
adding an indefinable magic
by dividing art from mere nature,

so jewels, mirrors, metals, gold
invariably suited her loveliness –
none violated the lustre she had,
and each thing seemed to set her off.

You might have said, sometimes, she thought
objects longed to make love to her,
so greedily she slaked her nakedness

on the kisses of linen sheets and silk,
revealing with each movement all
the unstudied grace of a marmoset.

4
THE PORTRAIT

Look what Death and Disease have made
of our old flame: a heap of ashes.
My god, how horrible! What's left
of eyes so soft yet so intense,

of kisses stronger than any drug,
of a mouth that used to drown my heart,
of all our glowing exaltation?
Precious little – barely a sketch

fading in a solitude like mine,
erased a little more each day
by disrespectful Time that wipes

out Life and Art; yet even Time
cannot force me to forget Her
who was my glory and my Joy!

41 ⟡⁓ 'SUPPOSE MY NAME . . .'

Suppose my name were favored by the winds,
my voyage prospered, and the future read
all that I wrote, and marvelled . . . Love, they're yours!
I give you poems to make your memory

echo the way archaic legends do,
so that by some incantatory spell,
haunting the reader like a psaltery,
you will be caught within my cadences;

who now, from Pit to Empyrean scorned
by all but me, have simply walked away
and left no trace but shadows as you pass,

staring in mute composure at a world
that stupidly reviles your unconcern,
my jet-eyed statue, angel with brazen brows!

42 ⟡⁓ SEMPER EADEM

'You're like some rock the sea is swallowing –
what is it that brings on these moods of yours?'
Nothing mysterious: the ordinary pain
of being alive. You wouldn't understand,

though it's as obvious as that smile of yours:
an open secret. Nothing ever grows,
once the heart is harvested . . . You ask
too many questions. No more talking now,

my prying ignoramus, no more words,
however sweet your voice. You call it Life,
but Death is what binds us, and by subtler bonds . . .

Come here. The only lie that comforts me
is the refuge of those lashes – let me sink
into the silent fiction of your eyes!

43 &–— ALTOGETHER

The Devil it must have been
who came to my room this morning
and, trying to catch me out,
insisted I answer his question:

'Among the miracles
her spell over you comprises –
among the black or pink
objects composing her body –

which is dearest?' My soul
responded thus to the Demon:
'No single part is best,
for each in its way is a solace,

and if the Whole enthralls,
is any detail the seducer?
She dazzles like the dawn
and like the darkness consoles me;

too close the harmony
that governs her lovely body
for reason to divide
one rapture from another;

my senses all are fused
by subtle transformation –
    her breathing makes a song,
as her voice emits a fragrance!'

44 ♪--- 'WHAT WILL YOU SAY TONIGHT . . .'

What will you say tonight, forsaken soul,
how will you speak, my long-since-withered heart,
to her, the loveliest and most beloved
whose sudden grace has made you green again?

– Singing her praises will be all our pride,
so peerless is the mercy of her power!
Sacred the fragrance that enrobes her flesh,
and ours, beneath her glance, is clad in light.

Whether we are in darkness and alone
or in the street and one among the crowd,
her spirit dances like a torch held high,

saying: 'By my beauty I command,
love only beauty for my sake – I am
the Guardian Angel, Madonna, and the Muse.'

45 ♪--- THE LIVING TORCH

after Poe's To Helen

They pass before me, those electric eyes
some abstruse Angel must have magnetized –
celestial twins, yet mine as well, they pass
and share with me their supernatural power;

protecting me from trespasses and snares,
they lead to Beauty, as the poet says:

'They are my ministers – yet I their slave,'
and all my being serves that living torch.

Enchanting eyes! you glisten with the light
of candles burning in broad day – the sun
challenges but does not change their flame;

they burn for Death, you for the New Life:
you sing my soul's awakening – bright stars,
'Venuses unextinguished by the sun.'

46 &— AGAINST HER LEVITY

You tilt your head and smile – as if
    across the countryside
a breeze had rippled through the grass
    out of a brilliant sky.

The sullen stranger you brush past
    stops, turns and relishes
the radiant health which aureoles
    your shoulders and your arms.

In all that panoply of silks
    the colors you parade
awaken in our poets' minds
    a giddy *valse des fleurs* –

garish gowns which designate
    the motley of your mind:
infectious folly! all I loathe
    is one with all I love!

Often, when I would drag myself
    into some leafy park
and when the sun like a rebuke
    would lacerate my breast,

so deeply did the Spring's new green
    humiliate my heart
that I would punish in one rose
    all Nature's insolence . . .

I'll come like that to you some night
    when lovers ought to come,
creeping in silence till I reach
    the treasures of your flesh,

to castigate your body's joy,
    to bruise your envied breasts,
and in your unsuspecting side
    to gash a gaping wound

where in a final ecstasy
    between those lovelier
new lips, my sister, I'll inject
    my venom into you!

47 }*-- R E V E R S I B I L I T Y

Blithe as you are, what could you know of shame,
grief, remorse – of midnight's vague alarms
that treat the heart like a much-crumpled page
to be discarded with the morning's trash?
Being so blithe, what do you know of shame?

Fond as you are, what could you know of hate,
the secretly clenched fists, the silent tears,
while every heartbeat drums *revenge! revenge!*
and one by one our talents are enslaved –
being so fond, what do you know of hate?

Hale as you are, what could you know of death
whose fevers worm their way like prisoners

past the high walls of the white infirmary,
seeking a patch of sun – what do they whisper?
Being so hale, what do you know of death?

Fair as you are, what could you know of fear –
the fear of ageing and the unspeakable pain
of finding only half-concealed disgust
in eyes from which we once drank greedily!
Being so fair, what do you know of fear?

Warm as you are, so radiant with life
a dying David would have begged for health
from the enchanting presence of your flesh –
but all I dare to beg for is your prayers,
warm as you are, so radiant with life!

48  ➆··- CONFESSION

Once, indulgent lady – only once
    you lay your lustrous arm
on mine (against the darkness of my soul
    the incident stands out);

as if it had just been coined, a golden moon
    rose ostentatiously,
and night's magnificence, while Paris slept,
    streamed like another Seine.

Along the housefronts, out of every door
    appeared attentive cats,
following like companionable ghosts
    or frozen as we passed.

And even as our intimacy bloomed
    in that pale radiance,
there came from you – and from that instrument
    of yours, a voice so rich

habitually, exultant as a peal
    of trumpets in the dawn –
there came a sound, a sigh, a plaintive note
    that faltered on your lips

like a sickly, hideous, misproportioned child,
    the family disgrace
long secluded from the world's regard
    in some dark hideaway.

'Nothing!' it sobbed, that sudden note of yours,
    'nothing on earth is sure,
and all our human masks cannot disguise
    our human selfishness;

Beauty is merely woman's livelihood,
    a well-rehearsed routine –
the flagging dancer's discipline: to please
    with automatic smiles;

hearts are not to be depended on,
    they fail – like beauty and love,
until Oblivion gathers up the lot
    for good, all over again!'

That magic moon has never left my mind,
    that silence, that fatigue,
and that dead secret whispered in despair
    at the heart's confessional.

49 ·– SPIRITUAL DAWN

Even licentious beds are touched by dawn
and its relentless Absolute – as if
the operation of some vengeful power
wakened an angel in the sleeping beast.

51

To fallen man, who suffers and dreams on,
the Empyrean's inaccessible blue
presents the fascination of the Void.
Beloved Goddess, so it is with you –

above the wreck of stupid revelry
your lucid image rises, brighter still,
shimmering yet fixed before my eyes.

The sun has turned the smoking torches black;
so it is with you, resplendent soul –
your phantom triumphs like the immortal sun!

50   EVENING HARMONY

Now comes the time when swaying on its stem
each flower offers incense to the night;
phrases and fragrances circle in the dark –
languorous waltz that casts a lingering spell!

Each flower offers incense to the night;
the violin trembles like a heart betrayed –
languorous waltz that casts a lingering spell!
A mournful altar ornaments the sky.

The violin trembles like a heart betrayed,
a tender heart unnerved by nothingness!
A mournful altar ornaments the sky;
the sun has smothered in its clotting blood.

A tender heart unnerved by nothingness
hoards every fragment of the radiant past.
The sun has smothered in its clotting blood.
In me your image – like a monstrance – glows.

51 🎵— THE FLASK

Some scents can permeate all substances –
even glass seems porous to their power.
Opening an Oriental chest
once the reluctant locks are pried apart,

or an armoire in some abandoned house
acrid with the dust of time itself,
may yield a musty flask that keeps the faith:
out of it leaps a returning soul – alive!

Like chrysalids, a thousand memories
that slept among the silent shadows now
unfold their wings and soar into the light,
rising azure laced with rose and gold;

among them one intoxicating thought
hovers brightest; eyes close; Vertigo
grips the beaten soul which it impels
to an abyss obscured by human wraiths,

crushing it on the brink of that age-old pit
where, like a fetid Lazarus rending his shroud,
the corpse of an old passion stirs and wakes,
spectral and rancid, charnel and charming still!

So it will be with me when I lie lost
to living memory, a used-up flask
tossed in a grim armoire, tarnished and cracked,
forgotten, filthy, a decrepit thing:

I shall be your coffin, darling doom,
and testify to how your virulence –
the poison angels brewed – became in me
the consummation of a heart consumed!

52 ⊱— POISON

Wine can endow the lowest dive
    with sudden luxury
and out of a red mist create
    enchanted porticoes,
like sunset firing a sodden sky.

Opium can dilate boundless space
    and plumb eternity,
emptying out time itself
    till a grim ecstasy
burdens the soul past all bearing.

– None of which equals the poison
    welling up in your eyes
that show me my poor soul reversed . . .
    My dreams throng to drink
at those green, distorting pools.

– None of which rivals the taste
    of your bitter saliva
which like a pestilence infects
    my soul until it sinks
unconscious on the shores of death!

53 ⊱— OVERCAST

Are they blue, gray, or green? Mysterious eyes
(as if in fact you were looking through a mist)
in alternation tender, dreamy, grim
to match the shiftless pallor of the sky.

That's what you're like – these warm white afternoons
which make the ravished heart dissolve in tears,
the nerves, inexplicably overwrought,
outrage the dozing mind. Not always, though –

sometimes you're like the horizon when the sun
ignites our cloudy autumn – how you glow!
a sodden countryside in sudden rout,
turned incandescent by a changing wind.

Dangerous woman – demoralizing days!
Will I adore your killing frost as much,
and in that implacable winter, when it comes,
discover pleasures sharper than iron and ice?

54   CAT

     As if he owned the place, a cat
         meanders through my mind,
     sleek and proud, yet so discreet
         in making known his will

     that I hear music when he mews,
         and even when he purrs
     a tender timbre in the sound
         compels my consciousness –

     a secret rhythm penetrates
         to unsuspected depths,
     obsessive as a line of verse
         and potent as a drug:

     all woes are spirited away,
         I hear ecstatic news –
     it seems a telling language has
         no need of words at all.

     My heart, assenting instrument,
         is masterfully played;
     no other bow across its strings
         can draw such music out

the way this cat's uncanny voice
    – seraphic, alien –
can reconcile discordant strains
    into close harmony!

One night his brindled fur gave off
    a perfume so intense
I seemed to be embalmed because
    (just once!) I fondled him . . .

Familiar spirit, genius, judge,
    the cat presides – inspires
events that he appears to spurn,
    half goblin and half god!

and when my spellbound eyes at last
    relinquish worship of
this cat they love to contemplate
    and look inside myself,

I find to my astonishment
    like living opals there
his fiery pupils, embers which
    observe me fixedly.

55 THE FINE SHIP

I want to tell you, soft enchantress, all
the various graces which array your youth;
    I want to paint your beauty for you
in which the woman merges with the girl.

Walk, and your wide skirts swirl with every step,
as if a fine ship had put out to sea
    under full sail, riding the waves
to a gentle rhythm, indolent and slow.

Above plump shoulders and a pliant throat
your head parades, a preening miracle!
    With a look of placid mastery
you pass upon your way, majestic child.

I want to tell you, soft enchantress, all
the various graces which array your youth;
    I want to paint your beauty for you
in which the woman merges with the girl.

The swelling silk that cradles your full breasts
makes them – triumphant breasts! – a sleek armoire
    whose bright and curving surfaces
reflect the light as if from flashing shields,

provocative shields, armed with rosy points!
Armoire of secrets, crammed with precious things –
    perfumes and wines and rare liqueurs
to make our hearts and minds delirious!

Walk, and your wide skirts swirl with every step,
as if a fine ship had put out to sea
    under full sail, riding the waves
to a gentle rhythm, indolent and slow.

Your noble thighs, beneath the tossing lace,
arouse obscure desires and vex them like
    two witches who between them stir
a black elixir in its seething vat.

Your arms would serve an infant Hercules
against the gleaming serpents they are like,
    relentless in their coiled embrace –
as though to print your lover on your heart.

Above plump shoulders and a pliant throat
your head parades, a preening miracle!

57

With a look of placid mastery
you pass upon your way, majestic child.

56 📌— INVITATION TO THE VOYAGE

Imagine the magic
of living together
there, with all the time in the world
for loving each other,
for loving and dying
where even the landscape resembles you:
the suns dissolved
in overcast skies
have the same mysterious charm for me
as your wayward eyes
through crystal tears,
my sister, my child!

All is order there, and elegance,
pleasure, peace, and opulence.

Furniture gleaming
with the patina
of time itself in the room we would share;
the rarest flowers
mingling aromas
with amber's uncertain redolence;
encrusted ceilings
echoed in mirrors
and Eastern splendor on the walls –
here all would whisper
to the soul in secret
her sweet mother tongue.

All is order there, and elegance,
pleasure, peace, and opulence.

On these still canals
the freighters doze
fitfully: their mood is for roving,
and only to flatter
a lover's fancy
have they put in from the ends of the earth.
By late afternoon
the canals catch fire
as sunset glorifies the town;
the world turns to gold
as it falls asleep
in a fervent light.

All is order there, and elegance,
pleasure, peace, and opulence.

57   THE IRREPARABLE

Who can destroy this old, this long Remorse
which fastens on our heart
and fattens there like weevils in an oak
or vermin on a corpse?
How shall we kill implacable Remorse?

What drug, what wine is warranted to drown
this ancient enemy
greedier and more wanton than the whores,
more patient than the ants?
Who will brew that potion, draw that wine?

If you know the secret, tell it, lovely witch,
to one who waits in dread,
abandoned like a wounded soldier crushed
by panic-stricken hooves.
Tell all you know, beloved sorceress,

to a dying man the wolves already sniff
    and carrion-crows await,
to a fallen warrior! Must he despair
    of a cross to mark his grave,
fallen a victim to such predators?

What wind can sweep the ashes from this sky,
    what stars can pierce the gloom
that never deepens, never pales – a night
    no lightning ever rends?
Ashes fill this sky, and darkness reigns.

Hope's candle at a window of the inn
    glimmers and goes out.
No light, no moon – how will they find their way,
    the martyrs of the road?
Satan has snuffed the candle at the inn!

Adorable siren, do you love the damned?
    What do you know of Remorse
whose poisoned arrows mercilessly take
    our heart for their target?
Adorable siren, do you love the damned?

Nothing can withstand the Irreparable –
    its termites undermine
our soul, pathetic citadel, until
    the ruined tower falls.
Nothing can withstand the Irreparable!

– More than once, in a wretched theater
    ringing with cheap tunes,
I've seen a goddess change the livid sky
    to a miraculous dawn;
there have been times, in such a theater,

when I've beheld a creature made of light
    defeat Satan himself;
but only there. On my heart's stage occurs
    no transformation scene.
No creature made of light will come to me!

58   CONVERSATION (ONE SIDE)

Fresh as an autumn morning you may be,
yet sadness rises in me like the sea
that ebbing leaves a bitter after-taste
of iodine on my still-smarting lips.

No use your groping for my feeble heart –
what you are after is no longer there;
mauled by women's weapons, fangs and claws,
my heart is gone, the beasts have eaten it.

My heart! that palace ransacked by a mob
of drunken maenads at each other's throats . . .
What perfume hovers round *your* naked throat?

O Beauty, scourge of souls, thy will be done!
With eyes as bright as candles at a feast,
consume these scraps of flesh the beasts have spared!

59   AUTUMNAL

I

Soon cold shadows will close over us
and summer's transitory gold be gone;
I hear them chopping firewood in our court –
the dreary thud of logs on cobblestone.

Winter will come to repossess my soul
with rage and outrage, horror, drudgery,
and like the sun in its polar holocaust
my heart will be a block of blood-red ice.

I listen trembling to that grim tattoo –
build a gallows, it would sound the same.
My mind becomes a tower giving way
under the impact of a battering-ram.

Stunned by the strokes, I seem to hear, somewhere,
a coffin hurriedly hammered shut – for whom?
Summer was yesterday; autumn is here!
Strange how that sound rings out like a farewell.

2

How sweet the greenish light of your long eyes!
But even that turns bitter now, and nothing
– not love, the boudoir, nor its busy hearth –
can match the summer's radiance on the sea.

Love me still, my darling! mother me,
ungrateful though I am, your naughty boy.
Sister and mistress! be the fleeting warmth
of a sumptuous autumn or a setting sun.

Your chore will be brief – the grave is covetous!
so let me rest my forehead on your knees
and relish, as I mourn white summer's lapse,
the yellow favor of the waning year.

60 ⌖– TO A MADONNA

EX-VOTO IN THE SPANISH TASTE

Madonna, my mistress, I shall build for you
an altar hidden in the heart of my despair

and in my heart itself, the darkest part –
far from worldly zeal and worldly scorn –
shall carve a niche enamelled blue and gold
to shield the awesome Image shining there.
Out of my Verses wrought to golden threads
on which the crystal rhymes are strung like beads
I'll plait a crown to set upon your head,
and from my Jealousy, O mortal queen,
I'll weave a Mantle in barbaric style –
embroidered not with pearls but with my Tears! –
stiff with Suspicion which will line the whole,
imprisoning your charms as in a Tower.
As for your Dress – it will be my Desire,
shimmering and rippling round your flesh,
rising to those headlands where it hovers,
warming your body's porcelain with a kiss.
Ingeniously sewn, my Reverence
will make you satin Slippers that assume
in all humility the shape your feet
impose upon their soft imprisonment;
and if I fail, despite my diligence,
to forge a silver Footstool from the Moon,
I'll set the Serpent which my entrails feed
under your Heel, triumphant queen from whom
Redemption flows, to signify you flout
this monster varicose with hate and spleen.
Behold my Thoughts arrayed like votive lights
among the flowers on my Lady's shrine,
spangling the azure ceiling as they gaze
on you eternally with eyes of fire!
And since my every impulse worships you,
all will become as Myrrh and Frankincense
mounting in troubled vapors from my Soul
to reach the snowy region where you stand.

Lastly, to assure you Mary's role,
by mixing love with cruelty I'll turn

the Seven Deadly Sins into keen swords
as a remorseful executioner
relishing nonetheless his dismal charge,
and with a juggler's unconcern I'll make
a target of your inexhaustible Love
and plunge them all within your sobbing Heart —
within your throbbing Heart, your bleeding Heart!

61 &--- SONG FOR LATE IN THE DAY

Although your wicked brows belie
        the angel in your eyes,
it is a blessed sorcery
        by which I am beguiled:

with all the ineffectual awe
        of prostrate votaries
I worship at your trivial
        and tantalizing shrine!

Wilderness and desert haunt
        the tumult of your hair;
without a word, your lips propose
        the riddle of the Sphinx;

and when you move, the shifting scent —
        as if a censer swayed —
prepares the advent of your flesh:
        the night is warm with you.

Where is the drug that works as well
        as your untroubled sloth?
You know the secret: at your touch
        the dead return to life;

there is a throbbing intercourse
    between your breasts and thighs –
the very cushions are enticed
    by your slow attitudes.

Occasionally, to assuage
    mysterious appetites,
your lazy kisses alternate
    with unexpected bites,

and as you laugh you lacerate
    my undefended skin,
then gentle as the rising moon
    you raise your eyes to mine . . .

Beneath your satin slippers, as
    beneath your silken feet,
I lay my hopes of happiness,
    my genius, and my fate –

light of my life, my soul's release,
    I long for your embrace:
explode in one dissolving blast
    this black Siberia!

62   SISINA

Imagine Diana, followed by her troupe,
beating the bushes in hot pursuit of game,
hair flying, breast bare, revelling in the din,
proudly outdistancing the pride of the hunt!

And have you seen our 'Fury of the Gironde,'
grimly urging on a barefoot mob,
cheeks and eyes radiant as she climbs
the palace stairs, a saber in her fist?

65

Sisina's like that! Except the wild girl
has a soul as loving as it is incensed,
and her courage, roused by cannonfire and drums,

will yet relent to passionate appeal,
and her incandescent heart still keeps,
for the deserving, a reservoir of tears.

63 &— TO A CREOLE LADY

The isle is fragrant and the sun is kind;
shadows of palm and poinciana shed
their languor on a lady living there
unknown to men's acclaim. I know her, though:

warm and white beneath a cloud of hair,
her face is borne with noble elegance –
she walks like Artemis, as tall, as lithe,
and when she smiles, assurance lights her glance . . .

If you should ever visit glory's home
along the green Loire or the Seine, Madame,
your loveliness, a match for our chateaux,

would prompt in 'scholarly retreats' a flood
of sonnets from our poets' hearts, enslaved
more humbly than your blacks by those great eyes.

64 &— MOESTA ET ERRABUNDA

Lady, do you sometimes long to escape
from the filth of the city, from this black sea
to one whose everlasting splendor glows
blue, bright and deep – a virgin sea!
Lady, do you sometimes long to escape?

The titan sea console us for our toil!
What demon gave that raucous amateur
supported by the organ of the winds
the sacred task of singing lullabies?
The titan sea console us for our toil?

By wheel or sail, just take me anywhere
far from here where mud is made of our tears!
Lady, listen to your heart; doesn't it say
'Far from regret, from crime, from suffering,
by wheel or sail, just take me anywhere'?

How far away, that fragrant paradise
where love and pleasure share the same blue sky,
where pure delight can satiate the heart
and all we love is worthy of our love!
How far away, that fragrant paradise!

But that green paradise of puppy love,
of songs and games, of kisses and bouquets –
the jugs of wine at evening in the groves,
the violins that die behind the hills –
but that green paradise of puppy love,

the innocent paradise of timid joys,
is it already farther than Cathay?
What silvery voice can waken it again,
what plaintive cries can ever call it back,
the innocent paradise of timid joys?

65)•-- INCUBUS

Eyes glowing like an angel's
I'll come back to your bed
and reach for you from the shadows:
you won't hear a thing.

On your dark skin my kisses
will be colder than moonlight:
caresses of a snake crawling
round an open grave.

When the morning whitens
you find no one beside you:
the place cold all day.

Others by fondness prevail
over your life, your youth:
I leave it to fear.

66 — AUTUMN SONNET

I read the question in your crystal eyes:
'Why do you love me, my strange lover?' Stay
lovely and keep still! Outraged by all
except the innocence of beasts, my heart

will not reveal its secret pact with Hell,
the livid legend written out in flames,
to you whose arms would cradle me in sleep.
Passion offends me, and my mind is pain!

Hold me. Say nothing. Hidden somewhere near,
Love in ambush bends his fatal bow –
I know the weapons of that old armory:

madness, horror, crime . . . You pale and stare
like an autumn daisy, flower of the fall,
white as your wintry Faust, cold Marguerite.

67 — SORROWS OF THE MOON

Tonight the moon dreams still more languidly:
as if some beauty on her pillowed couch
were brushing with a half-unconscious hand
the contour of her breasts before she fell

asleep. On a silken avalanche of clouds
the moon, expiring, falls into a trance,
impassive as the great white visions file
past in procession like unfolding flowers.

And when she happens, in her somnolence,
to shed a secret tear that falls to earth,
some eager poet, sleep's sworn enemy,

cups his hand and catches that pale tear
which shimmers like a shard of opal there,
and hides it from the sun's eye in his heart.

68 — CATS

Lovers, scholars – the fervent, the austere –
grow equally fond of cats, their household pride.
As sensitive as either to the cold,
as sedentary, though so strong and sleek,

your cat, a friend to learning and to love,
seeks out both silence and the awesome dark . . .
Hell would have made the cat its courier
could it have controverted feline pride!

Dozing, all cats assume the svelte design
of desert sphinxes sprawled in solitude,
apparently transfixed by endless dreams;

their teeming loins are rich in magic sparks,
and golden specks like infinitesimal sand
glisten in those enigmatic eyes.

69 🙐-- OWLS

Under black yews that protect them
        the owls perch in a row
like alien gods whose red eyes
        glitter. They meditate.

Petrified, they will perch there till
        the melancholy hour
when the slanting sun is ousted,
        and darkness settles down.

From their posture, the wise
learn to shun, in this world at least,
        motion and commotion;

impassioned by passing shadows,
        man will always be scourged
for trying to change his place.

70 🙐-- THE PIPE

I am a writer's pipe. One look at me,
and the coffee color of my Kaffir face
will tell you I am not the only slave:
my master is addicted to his vice.

Every so often he is overcome
by some despair or other, whereupon
tobacco clouds pour out of me as if
the stove were kindled and the pot put on.

I wrap his soul in mine and cradle it
within a blue and fluctuating thread
that rises out of my rekindled lips

from the glowing coal that brews a secret spell.
He smokes his pipe, allaying heart and mind,
and for tonight all injuries are healed.

71 }&-- MUSIC

BEETHOVEN

Music often takes me like a sea
        and I set out
under mist or a transparent sky
        for my pale star;

I run before the wind as if I had
        laid on full sail,
climbing the mountainous backs of the waves,
        plummeting down

in darkness, eardrums throbbing as I feel
        the coming wreck;
fair winds or foul – a raging storm

        on the great deep
my cradle, and dead calm the looking-glass
        of my despair!

72 }&-- BURIAL

Surely *some* night will be dark enough
        for a kindly Christian soul
to dump your gorgeous body, now deceased,
        where the other garbage goes;

decent planets, at a time like this,
    renounce their vigilance –
the spider has her web to tidy up,
    the viper's brood must hatch;

and over your unconsecrated head
    you'll hear the howling wolves
lament their fate and yours the livelong year;

the coven gathers – famished hags excite
    old men to do their worst,
while killers dice for victims on your grave.

73 ⁑ A FANTASTIC ENGRAVING

Uncanny apparition – all it wears,
grotesquely canted on that grinning skull,
is a garland woven out of worms! No spurs,
no whip, and still this ghostly cavalier
urges his apocalyptic nag
onward till her flaring nostrils bleed,
horse and horseman mad in pursuit of Space,
trampling Infinity with reckless hooves!
The rider brandishes a flaming sword
above the nameless hordes he gallops down,
and like a prince inspecting his domain
quarters that unending graveyard where
a bleak white sun exposes, mile on mile,
history's hecatombs, ancient and modern both.

74 ⁑ THE HAPPY CORPSE

Wherever the soil is rich and full of snails
I want to dig myself a nice deep grave –

deep enough to stretch out these old bones
and sleep in peace, like a shark in the cradling wave.

Testaments and tombstones always lie!
Before collecting such official grief,
I'd rather ask the crows, while I'm alive,
to pick my carcass clean from end to end.

They may be deaf and blind, my friends the worms,
yet surely they will welcome a happy corpse;
feasting philosophers, scions of decay,

eat your way through me without a second thought
and let me know if one last twinge is left
for a soulless body deader than the dead!

75 ⟡ THE CASK OF HATE

Hate is the Cask of the Danaïdes;
even Vengeance, frenzied and red-armed,
cannot replenish those depths fast enough
with bucketfuls of blood and dead men's tears –

Hell thirsts on, mysterious holes appear
and through them seep a thousand years of toil,
despite the victims desperately slain
and brought to life to suffer once again.

Or Hate is a drunk at the dark end of the bar
whose liquor only makes him thirstier –
a Hydra multiplies in every drop;

happy the man who drinks to meet his fate,
but Hate is fettered to a fiercer doom
and cannot even drink himself to death.

73

76 ⟩⟨— THE CRACKED BELL

Bitter, but sweet as well! on winter nights
when embers whiten on the hearth, to hear
faraway memories slowly surfacing,
summoned by carillons chiming through the mist.

Blessèd be the rugged-throated bell,
alert and tough for all its years, which tolls
religiously the watches of the night
like some old trooper standing sentinel!

My soul is cracked, and when in its distress
it tries to sing the chilly nights away,
how often its enfeebled voice suggests

the gasping of a wounded soldier left
beside a lake of blood, who, pinned beneath
a pile of dead men, struggles, stares and dies.

77 ⟩⟨— SPLEEN (I)

February, peeved at Paris, pours
a gloomy torrent on the pale lessees
of the graveyard next door and a mortal chill
on tenants of the foggy suburbs too.

The tiles afford no comfort to my cat
that cannot keep its mangy body still;
the soul of some old poet haunts the drains
and howls.as if a ghost could hate the cold.

A churchbell grieves, a log in the fireplace smokes
and hums falsetto to the clock's catarrh,
while in a filthy reeking deck of cards

inherited from a dropsical old maid,
the dapper Knave of Hearts and the Queen of Spades
grimly disinter their love affairs.

78 ⊱— S P L E E N (I I)

Souvenirs?
More than if I had lived a thousand years!

No chest of drawers crammed with documents,
love-letters, wedding-invitations, wills,
a lock of someone's hair rolled up in a deed,
hides so many secrets as my brain.
This branching catacombs, this pyramid
contains more corpses than the potter's field:
I am a graveyard that the moon abhors,
where long worms like regrets come out to feed
most ravenously on my dearest dead.
I am an old boudoir where a rack of gowns,
perfumed by withered roses, rots to dust;
where only faint pastels and pale Bouchers
inhale the scent of long-unstoppered flasks.

Nothing is slower than the limping days
when under the heavy weather of the years
Boredom, the fruit of glum indifference,
gains the dimension of eternity . . .
Hereafter, mortal clay, you are no more
than a rock encircled by a nameless dread,
an ancient sphinx omitted from the map,
forgotten by the world, and whose fierce moods
sing only to the rays of setting suns.

79 ⁕ SPLEEN (III)

I'm like the king of a rainy country, rich
but helpless, decrepit though still a young man
who scorns his fawning tutors, wastes his time
on dogs and other animals, and has no fun;
nothing distracts him, neither hawk nor hound
nor subjects starving at the palace gate.
His favorite fool's obscenities fall flat
– the royal invalid is not amused –
and ladies in waiting for a princely nod
no longer dress indecently enough
to win a smile from this young skeleton.
The bed of state becomes a stately tomb.
The alchemist who brews him gold has failed
to purge the impure substance from his soul,
and baths of blood, Rome's legacy recalled
by certain barons in their failing days,
are useless to revive this sickly flesh
through which no blood but brackish Lethe seeps.

80 ⁕ SPLEEN (IV)

When skies are low and heavy as a lid
over the mind tormented by disgust,
and hidden in the gloom the sun pours down
on us a daylight dingier than the dark;

when earth becomes a trickling dungeon where
Trust like a bat keeps lunging through the air,
beating tentative wings along the walls
and bumping its head against the rotten beams;

when rain falls straight from unrelenting clouds,
forging the bars of some enormous jail,
and silent hordes of obscene spiders spin
their webs across the basements of our brains;

then all at once the raging bells break loose,
hurling to heaven their awful caterwaul,
like homeless ghosts with no one left to haunt
whimpering their endless grievances.

– And giant hearses, without dirge or drums,
parade at half-step in my soul, where Hope,
defeated, weeps, and the oppressor Dread
plants his black flag on my assenting skull.

81)•--- OBSESSION

Forest, I fear you! in my ruined heart
your roaring wakens the same agony
as in cathedrals when the organ moans
and from the depths I hear that I am damned.

Ocean, I hate you! for I recognize
the sobs and insults of my own despair,
the bitter laughter of a beaten man
repeated in the sea's huge gaiety.

Night! you'd please me more without these stars
which speak a language I know all too well –
I long for darkness, silence, *nothing there* . . .

Yet even shadows have their shapes which live
where I imagine them to be, the hordes
of vanished souls whose eyes acknowledge mine.

82)•--- CRAVING FOR OBLIVION

Once you were hot for battle, weary mind!
Now Hope, whose spur awakened all your zeal,
no longer even mounts. No shame in that –
lie down, old horse! You stumble at each step.

Abandon Hope, and sleep the sleep of the beasts.

Defeated mind, old plunderer! For you
love has no more seduction than your sword.
Farewell to lutes and trumpet-calls alike –
such pleasures cannot tempt a sullen heart,

and even Spring has lost its sweet allure.

Moment by moment, Time envelops me
like a stiffening body buried in the snow . . .
I contemplate the infinitesimal globe,
and I no longer seek asylum there.

Avalanche, entomb me in your fall!

83 &— ALCHEMY OF SUFFERING

Nature glows with this man's joy,
    dims with another's grief;
what signifies the grave to one
    is glory to the next.

Trismegistus intercedes:
    this ever-daunting guide
makes me a Midas in reverse,
    saddest of alchemists –

gold turns iron at my touch,
    heaven darkens to hell;
clouds become a winding-sheet

    to shroud my cherished dead,
and on celestial shores I build
    enormous sepulchres.

84 SYMPATHETIC HORROR

When the sky appears in pain
and sunset no more than a wound,
what are the thoughts that occur
to a libertine soul like yours?

– Nothing can slake my thirst
for the nameless and the obscure:
you'll never hear me complain
like Ovid whining for Rome.

The canyons of bloody cloud
accommodate my pride,
their nebulous shapes become

a splendid hearse for my dreams,
their red glow the reflection
of the Hell where my heart's at home.

85 HEAUTON TIMOROUMENOS*

No rage, no rancor: I shall beat you
    as butchers fell an ox,
as Moses smote the rock in Horeb –
    I shall make you weep,

and by the waters of affliction
    my desert will be slaked.
My desire, that hope has made monstrous,
    will frolic in your tears

as a ship tosses on the ocean –
    in my besotted heart

Self-Tormentor, title of a play by Terence.
Baudelaire took his last line from Poe's 'Haunted Palace.'

your adorable sobs will echo
    like an ecstatic drum.

For I – am I not a dissonance
    in the divine accord,
because of the greedy Irony
    which infiltrates my soul?

I hear it in my voice – that shrillness,
    that poison in my blood!
I am the sinister glass in which
    the Fury sees herself!

I am the knife and the wound it deals,
    I am the slap and the cheek,
I am the wheel and the broken limbs,
    hangman and victim both!

I am the vampire at my own veins,
    one of the great lost horde
doomed for the rest of time, and beyond,
    'to laugh – but smile no more.'

86   THE IRREMEDIABLE

I

A Form, an Idea, a Being
    out of the Blue – and fallen
into a Stygian morass
    far from the eye of heaven . . .

Lured by the love of chaos,
    an Angel, unwary pilgrim
caught in Nightmare's current,
    struggling like a swimmer

pitted in deadly panic
    against the howling vortex,
whirling and faster whirled
    down, down and under . . .

Groping for key or candle,
    a wretch in some witch's thrall
rots in her snaky den
    with no hope of escaping . . .

A soul in torment descending
    endless rickety stairs
into an echoing cavern
    out of which rises the stench

of vigilant slimy monsters
    whose luminous eyes enforce
the gloom, disclosing nothing
    except their own existence . . .

A schooner caught in the ice-floes
    as in a crystal quicksand,
pursuing the fatal channel
    which led to this prison . . .

Apt emblems, properties
    of irremediable Fate,
proving how consummately
    Satan consumes his own!

2

Distinct the heart's exchange
    with its own dark mirror,
for deep in that Well of Truth
    trembles one pale star,

ironic, infernal beacon,
    graceful torch of the Devil,
our solace and sole glory –
    consciousness in Evil!

87   THE CLOCK

Impassive god! whose minatory hands
repeat their sinister and single charge:
Remember! Pain is the unfailing bow,
as arrow after arrow finds your heart.

Pleasure fades and dances out of sight –
one pirouette, the theater goes dark;
each instant snatches from you what you had,
the crumb of happiness within your grasp.

Thirty-six hundred times in every hour
the Second whispers: *Remember!* and Now replies
in its maddening mosquito hum: I am Past,
who passing lit and sucked your life and left!

Remember! Souviens-toi! Esto memor!
(My metal throat is polyglot.) The ore
of mortal minutes crumbles, unrefined,
from which your golden nuggets must be panned.

Remember! Time, that tireless gambler, wins
on every turn of the wheel: that is the law.
The daylight fades . . . *Remember!* Night comes on:
the pit is thirsty and the sands run out . . .

Soon it will sound, the tocsin of your Fate –
from noble Virtue, your still-virgin bride,
or from Repentance, last resort . . . from all
the message comes: 'Too late, old coward! Die!'

Parisian Scenes

88 }o··· Parisian Landscape

To make my eclogues proper, I must sleep
hard by heaven – like the astrologers –
and being the belfries' neighbor, hear in my dreams
their solemn anthems fading on the wind.
My garret view, perused attentively,
reveals the workshops and their singing slaves,
the city's masts – steeples and chimneypots –
and above that fleet, a blue eternity . . .

How sweet to see the first star in the sky,
the first lamp at the window through the mist,
the coalsmoke streaming upward, and the moon
shedding a pale enchantment on it all!
From there I'll watch the easy seasons pass
and when the tedious winter snows me in,
I'll close my shutters, draw the curtains snug,
and build my Spanish castles in the dark,
dreaming of alluring distances,
of sobbing fountains and of birds that sing
endless obbligatos to my trysts –
of everything in Idylls that's inane!
A revolution down in the street will not
distract me from my desk, for I shall be
committed to that almost carnal joy
of fastening the springtime to my will,
drawing the sun from my heart, and by my zeal
persuading Paris to become a South.

89 }o··· The Sun

Late in this cruel season when the sun
scourges alike the city and the fields,
parching the stubble and sinking into slums

where shuttered hovels hide vile appetites,
I venture out alone to drill myself
in what must seem an eerie fencing-match,
duelling in dark corners for a rhyme
and stumbling over words like cobblestones
where now and then realities collide
with lines I dreamed of writing long ago.

What greensickness could stand up to the sun,
that towering foster-father who dissolves
anxieties into air like morning mist,
ripening here a verse and there a rose
with honey on the tongue as in the hive?
Who but the sun persuades the lame to dance
as if their canes were maypoles, governing
the resurrection of the harrowed fields,
and for the secret harvest of the heart
commands immortal wheat to grow again!

When, with a poet's will, the sun descends
into the cities like a king incognito,
impartially visiting palace and hospital,
the fate of all things vile is glorified.

90 ╠⋅⋅ TO A RED-HAIRED BEGGAR GIRL

Gaping tatters in each garment prove
your calling is not only beggary
    but beauty as well,

and to a poet equally 'reduced,'
the frail and freckled body you display
    makes its own appeal –

queens in velvet buskins take the stage
less regally than you wade through the mud
    on your wooden clogs.

What if, instead of these indecent rags,
the splendid train of a brocaded gown
    rustled at your heels,

and rather than torn stockings, just suppose
curious glances sliding up your thigh
    met with a gold dirk!

And then if, for our sins, those flimsy knots
released two perfect little breasts that shine
    brighter than your eyes,

and your own arms consented to reveal
the rest, though archly feigning to fend off
    hands that go too far . . .

Strands of pearls and strophes by Belleau
arriving in – imagine! – endless streams
    'from an admirer';

riffraff – talented and otherwise –
offering tributes to the slippered feet
    glimpsed from below stairs;

gentlemen sending flunkeys to find out
who owns the carriage always told to 'wait'
    at your smart address

where, in the boudoir, kisses count for more
than quarterings, although the cast includes
    a Bourbon or two!

– Meanwhile, here you are, begging scraps
doled out by the local *table d'hôte*
    at the kitchen door

and scavenging discarded finery
worth forty sous, a price which (pardon me!)
    I cannot afford . . .

Go, then, my Beauty, with no ornament
– patchouli or pearl choker – but your own
    starveling nakedness!

91 ⁖— THE SWAN

to Victor Hugo

I

Andromache, I think of you! That stream,
the sometime witness to your widowhood's
enormous majesty of mourning – that
mimic Simoïs salted by your tears

suddenly inundates my memory
as I cross the new Place du Carrousel.
Old Paris is gone (no human heart
changes half so fast as a city's face)

and only in my mind's eye can I see
The junk laid out to glitter in the booths
among the weeds and splintered capitals,
blocks of marble blackened by the mud;

there used to be a poultry-market here,
and one cold morning – with the sky swept clean,
the ground, too, swept by garbage-men who raised
clouds of soot in the icy air – I saw

a swan that had broken out of its cage,
webbed feet clumsy on the cobblestones,
white feathers dragging in the uneven ruts,
and obstinately pecking at the drains,

drenching its enormous wings in the filth
as if in its own lovely lake, crying
'Where is the thunder, when will it rain?'
I see it still, inevitable myth,

like Daedalus dead-set against the sky –
the sky quite blue and blank and unconcerned –
that straining neck and that voracious beak,
as if the swan were castigating God!

2

Paris changes . . . But in sadness like mine
nothing stirs – new buildings, old
neighborhoods turn to allegory,
and memories weigh more than stone.

One image, near the Louvre, will not dissolve:
I think of that great swan in its torment,
silly, like all exiles, and sublime,
endlessly longing . . . And again I think

of you, Andromache, dragged off
to be the booty of Achilles' son,
Hector's widow now the wife of Helenus,
crouching blindly over an empty grave!

I think of some black woman, starving
and consumptive in the muddy streets,
peering through a wall of fog for those
missing palms of splendid Africa;

I think of orphans withering like flowers;
of those who lose what never can be found
again – never! swallowing their tears
and nursing at the she-wolf Sorrow's dugs;

and in the forest of my mind's exile
a merciless memory winds its horn:
I hear it and I think of prisoners,
of the shipwrecked, the beaten – and so many more!

92   THE SEVEN OLD MEN

to Victor Hugo

Swarming city – city gorged with dreams,
where ghosts by day accost the passer-by,
where secrets run in these defiled canals
like blood that gushes through a giant's veins!

One morning when the rain in these mean streets
made houses grimmer than the docks that line
the two banks of a filthy river, and
a yellow fog engulfed the space between –

a stage-effect to match the actor's mood –
I roamed as if in search of stern resolve
and arguments to steel my flagging soul
through backstreets shaken by each heavy van.

And out of nowhere came a wretch in rags
the very color of the dripping sky –
surely *this* deserved some charity!
But then I saw the malice in his eyes

and seemed to feel the cold because of them –
as if their pupils had been soaked in bile.
His beard stuck out as stiff as any sword
(Judas must have had a beard like that).

He wasn't bent, he was *broken*, and his spine
formed so sharp an angle with his legs

that his stick, as if to add a finishing touch,
gave him the carriage and the clumsy gait

of some lame animal or a three-legged Jew!
He pounded past in the mud and slush as if
his shabby boots were crushing dead men's bones –
hostile, rather than indifferent . . .

Then from the same hell came another, the same
eyes and beard and backbone, stick and rags –
nothing distinguished these centenarian twins
clumping identically toward an unknown goal.

Was it some vile conspiracy, or just
coincidence that made a fool of me?
To the seventh power – I counted every one –
this sinister ancient reproduced himself!

Doubtless to you my dread seems ludicrous,
unless a brotherly shudder lets you see:
for all their imminent decrepitude,
these seven monsters had eternal life!

I doubt if I could have survived an eighth
such apparition, father and son of himself,
inexorable Phoenix, loathsome avatar!
– I turned my back on the whole damned parade.

Indignant as a drunk who sees the world
double, I staggered home and locked my door,
scared and sick at heart and scandalized
that so much mystery could be absurd!

Vainly my reason sought to take the helm –
the gale made light of purpose, and my soul
went dancing on, an old and mastless scow
dancing across a black and shoreless sea.

93 ┣━ THE LITTLE OLD WOMEN

to Victor Hugo

I

In murky corners of old cities where
everything – horror too – is magical,
I study, servile to my moods, the odd
and charming refuse of humanity.

These travesties were women once – Laïs
or Eponine! Love them, pathetic freaks,
hunchbacked and crippled – for they still have souls!
In ragged skirts and threadbare finery

they creep, tormented by the wicked gusts,
cowering each time an omnibus
thunders past, and clutching a reticule
as if it were a relic sewn with spells.

Whether they mince like marionettes or drag
themselves along like wounded animals,
they dance – against their will, the creatures dance –
sad bells on which a merciless Devil tugs.

They waver, but their eyes are gimlet-sharp
and gleam like holes where water sleeps at night –
the eyes of a child, a little girl who laughs
in sacred wonder at whatever shines!

– The coffins of old women are often the size
of a child's, have you ever noticed? Erudite
Death, by making the caskets match, suggests
a tidy symbol, if in dubious taste,

and when I glimpse one of these feeble ghosts
at grips with Paris and its murderous swarm,

it always seems to me the poor old thing
is slowly crawling toward a second crib;

or else those ill-assorted limbs propose
a problem in geometry: to fit
so many crooked corpses, how many times
must the workman alter a coffin's shape?

Those eyes are cisterns fed by a million tears,
or crucibles cracked by an ore that has gone cold:
irresistible their sovereignty
to one who suckled at disaster's dugs!

2

A Vestal at defunct *Frascati*'s shrine;
a priestess of Thalia whose memory survives
only in one long-dead prompter's mind;
the profligate of *Tivoli* in her prime;

this one a martyr to her fatherland,
that one her husband's victim, and one more
doomed by her son to a Madonna's grief –
all could make a river of their tears.

And all beguile me, but especially
those who, honeying their pain, implore
Addiction that had once lent them its wings:
'Mighty Hippogriff, let me fly again!'

3

Little old women! I remember one
I had trailed for hours, until the sky
went scarlet as a wound, and she sat down
lost in thought on a public-garden bench,

listening to the tunes our soldiers play –
brazen music for daylight's waning gold

(and yet such martial measures stir the soul,
granting a kind of glory to the crowd) . . .

Upright and proud she sat, and greedily
drank in the military airs, her eyes
like some old eagle's brightening beneath
the absent laurel on her marble brow!

4

And so you wander, stoic and inured
to all the uproar of the heedless town:
broken-hearted mothers, trollops, saints,
whose names were once the order of the day,

embodiments of glory and of grace!
Who knows you now? From doorways, derelicts
murmur obscene endearments as you pass,
and mocking children caper at your heels . . .

Poor wizened spooks, ashamed to be alive,
you hug the walls, sickly and timorous,
and no one greets you, no one says goodbye
to rubbish ready for eternity!

But I who at a distance follow you
and anxiously attend your failing steps
as if I had become your father – mine
are secret pleasures you cannot suspect!

I see first love in bloom upon your flesh,
dark or luminous I see your vanished days –
my teeming heart exults in all your sins
and all your virtues magnify my soul!

Flotsam, my family – ruins, my race!
Each night I offer you a last farewell!

Where will you be tomorrow, ancient Eves
under God's undeviating paw?

94 ⁍— BLIND MEN

Consider them, my soul: how hideous!
Eerie as sleepwalkers, vaguely absurd
as dummies are – dummies that can walk,
blinking their useless lids at nothingness.

Their eyes are quenched, and yet they seem to stare
at something, somewhere, questioning the sky
and never bending their benighted heads
in reverie toward the cobblestones.

What difference between their infinite dark
and the eternal silence? Round us all,
meanwhile, the city sings, and laughs, and screams,

mad in pursuit of pleasure, whereas I . . .
I too drag by, but wonder, duller still,
what Heaven holds for them, all these blind men?

95 ⁍— IN PASSING

The traffic roared around me, deafening!
Tall, slender, in mourning – noble grief –
a woman passed, and with a jewelled hand
gathered up her black embroidered hem;

stately yet lithe, as if a statue walked . . .
And trembling like a fool, I drank from eyes
as ashen as the clouds before a gale
the grace that beckons and the joy that kills.

Lightning . . . then darkness! Lovely fugitive
whose glance has brought me back to life! But where
is life – not this side of eternity?

Elsewhere! Too far, too late, or never at all!
Of me you know nothing, I nothing of you – you
whom I might have loved and who knew that too!

96   SKELETON CREW

I

Colored plates from medical texts
peddled along these dusty quays
where corpses of so many books
rot in endlessly rifled graves,

illustrations which the skill
and rigor of a master hand
have made, however grim the theme,
incontrovertibly beautiful,

often – crowning horror! – display
anatomical mannequins
all vein and muscle, or skeletons
digging, bone on naked bone.

2

Helots of the charnel-house,
submissive and macabre drones,
can all your anguished vertebrae
or those espaliered arteries

reveal what preternatural crop
you wrest from the reluctant earth,
and tell which farmer's granary
your labors are condemned to fill?

Hard emblem of explicit fate,
would you declare by this device
that even in the sepulchre
our promised sleep will be denied?

that Nothingness has played us false,
that even Death is a deceit,
and that throughout eternity
we are intended, after all,

to scrape the unavailing soil
of some forsaken wilderness,
and drive again the heavy spade
under our bare and bleeding foot?

97 ﷽— TWILIGHT: EVENING

It comes as an accomplice, stealthily,
the lovely hour that is the felon's friend;
the sky, like curtains round a bed, draws close,
and man prepares to become a beast of prey.

Longed for by those whose aching arms confess:
we earned our daily bread, at last it comes,
evening and the anodyne it brings
to workmen free to sleep and dream of sleep,
to stubborn scholars puzzling over texts,
to minds consumed by one tormenting pain . . .
Meantime, foul demons in the atmosphere
dutifully waken – they have work to do –
rattling shutters as they take the sky.
Under the gaslamps shaken by that wind
whoredom invades and everywhere at once
debouches on invisible thoroughfares,
as if the enemy had launched a raid;
it fidgets like a worm in the city's filth,
filching its portion of Man's daily bread.

Listen! Now you can hear the kitchens hiss,
the stages yelp, the music drown it all!
The dens that specialize in gambling fill
with trollops and their vague confederates,
and thieves untroubled by a second thought
will soon be hard at work (they also serve)
softly forcing doors and secret drawers
to dress their sluts and live a few days more.

This is the hour to compose yourself, my soul;
ignore the noise they make; avert your eyes.
Now comes the time when invalids grow worse
and darkness takes them by the throat; they end
their fate in the usual way, and all their sighs
turn hospitals into a cave of the winds.
More than one will not come back for broth
warmed at the fireside by devoted hands.

Most of them, in fact, have never known
a hearth to come to, and have never lived.

98 ⌘— GAMBLERS

They sit in shabby armchairs, ancient whores
with eyebrows painted over pitiless eyes,
simpering so that the garish gems they wear
jiggle at their withered powdered ears.

Around the green felt, lipless faces loom
or colorless lips and toothless jaws, above
feverish fingers that cannot lie still
but fumble in empty pockets, trembling breasts;

under the dirty ceilings and a row
of dusty chandeliers, the low-hung lamps
sway over famous poets' shadowed brows,
the sweat of which they come to squander here;

this hideous pageant passed before my eyes
as if a nightmare picked out each detail:
I saw myself in a corner of that hushed den
watching it all, cold, mute – and envious!

envying the stubborn passion of such men,
the deadly gaiety of those old whores –
all blithely trafficking, as I looked on,
in honor or beauty – whatever they could sell!

Horrible, that I should envy these
who rush so recklessly into the pit,
each in his frenzy ravenous to prefer
pain to death, and hell to nothingness!

99 ⌘— Dance of Death

Proud of her height as if she were alive,
she manages her props – her huge bouquet,
her scarf, her gloves – with all the unconcern –
or is it the disdain? – of a practiced flirt.

Who ever saw a wasp with a waist like that!
Or so many yards of gown so readily
gathered up to show a wizened foot
crammed into its crimson satin shoe?

The frill that runs along her clavicle
as if a stream caressed the stones in its bed
demurely screens from idle scrutiny
the deadly charms she *will* keep in the dark.

Those shadows are the making of her eyes,
and the braid of buds around her nodding brow
is not so neatly plaited as her spine –
O lure of Nothingness so well tricked out!

Drunk on flesh, young lovers libel you
a caricature – they cannot understand
the beauty of your true embodiment:
Skeleton, you suit me down to the ground,

as grinning from ear to absent ear you come
to spoil the Feast, or cannot keep away
because some hunger in the marrow of your bones
compels you to our human carnival . . .

Will music and the flaring lights beguile
a mocking nightmare you cannot escape?
Is it the torrent of orgies you require
to douse the hellfire kindled in your heart?

Inexhaustible pit of folly and sin!
Eternal alembic of the ancient pain!
Threading the twisted trellis of your ribs
the insatiable worm, I see, is still at work!

To tell the truth, I fear your coquetry
will fail to find the victims it deserves:
which of these mortal hearts can take your jokes?
The charms of Dread are not for everyone.

What visions cloud the chasm of your eyes?
Even the bravest partner joins the dance
with a twinge of terror as he contemplates
the eternal smile of thirty-two white teeth!

Yet who has not embraced a skeleton,
not eaten what the grave claims for its own?

What does the costume matter, or the scent?
'Disgusted'? All you show is your conceit!

Noseless camp-follower, irresistible drab,
disabuse these dancers of their airs:
'For all your skill with powder and with musk
each of you stinks to heaven – or hell – of death!

A withered Antinous here, his Emperor there,
equally worm-eaten, hoary belles and beaux –
the universal throb of the Dance of Death
drags you down to Whereabouts Unknown!

From Senegal to the cold quays of the Seine
the mortal swarm jigs on, ecstatic, blind
to the Angel's trumpet somewhere overhead,
gaping like a blackened blunderbuss . . .

Death in every latitude dotes on you
and your contortions, ludicrous Mankind,
and often, like you, daubing herself with myrrh,
mixes her scorn with your delirium!'

100 ┣⸳⸳⸳ LOVE OF DECEIT

As you dance by, beloved indolence
– the music fading, though it fills the room –
you seem to hover in your listlessness,
and boredom glistens in your heavy glance;

while midnight's sconces imitate the dawn,
the gaslight touches up your chalky face
with an appalling lustre of its own –
your eyes, as in a portrait, follow me,

and I muse: how lovely! how grotesquely young!
burdened as she is with memory's crown
and a heart that, bruised like a peach, must be
ripe as her body for the feast of love.

Are you the sovereign harvest of the fall?
Are you the savor of the Happy Isles?
– ultimate urn that bides its time for tears,
caressing pillow, or narcotic rose?

I know there are eyes, the saddest eyes of all,
that have no precious secrets to conceal,
spurious reliquaries proudly shown,
deeper, and emptier, than the skies themselves!

Save the appearances! Is it not enough
to thrill a heart that cannot bear the truth?
What if you are stupid or indifferent?
Mask or sham, your beauty I adore.

101 &--'I HAVE NOT FORGOTTEN . . .'

I have not forgotten the house we lived in then,
it was just outside of town, a little white house
in a skimpy grove that hid the naked limbs
of plaster goddesses – the Venus was chipped!
Nor those seemingly endless evenings when the sun
(whose rays ignited every windowpane)
seemed, like a wide eye in the wondering sky,
to contemplate our long silent meals,
kindling more richly than any candlelight
the cheap curtains and the much-laundered cloth.

102 ᵇ— 'YOU USED TO BE JEALOUS . . .'

You used to be jealous of our old nurse
who sleeps, warm heart and all, beneath the sod.
We ought to bring her flowers, even so.
The dead, poor things, have sorrows of their own,
and when October comes and strips the trees
and hums its dismal tune among the graves,
how thankless we the living must appear,
sleeping as we do in our own beds
while they, subsiding into black despair,
without a bedmate or a joke to share,
worm-eaten skeletons, old and cold, endure
the constant seeping of the winter snows,
the passage of the years, and not one soul
to change the withered wreaths on rusty grilles . . .

When the log I put on the fire hisses and sings,
if I should see her sitting there, quite still,
or if on some cold blue December night
I found her hovering in a corner of my room,
somehow escaping her eternal bed
to cast a motherly eye on her grownup child,
what could I find to say to this pious soul
as I watched the tears filling her hollow eyes?

103 ᵇ— MISTS AND RAINS

Waning autumn, winter, mudbound spring –
I thank these somnolent seasons which I love
for offering to both my heart and mind
so vaporous a shroud, so vague a tomb.

Here on this huge plain where the wind perfects
a will of its own and the weathervane cries all night,

now and not in the tepid days to come
my soul prefers to spread her raven wings.

Filled with dead and dying things, the heart
itself is frozen fast, and best of all
– O queen of our climate, ashen time of year! –

your livid shadows never seem to change
except on moonless nights when two by two
we rock our pain to sleep on a reckless bed.

104 ⁂– PARISIAN DREAM

I

It is a terrible terrain
     no mortal eye has seen
whose image still seduces me
     this morning as it fades . . .

Sleep is full of miracles!
     Some impulse in my dream
had rid the region I devised
     of every growing thing,

and proud of the resulting scene
     I savored in my art
the rapturous monotony
     of metal, water, stone . . .

A maze of stairs and arches formed
     an endless palace filled
with basins where the bright cascades
     fell into tarnished gold;

Like crystal curtains, cataracts
     streamed down metal walls,

shimmering where the ripples made
    perpetual descent;

colonnades instead of trees
    shaded sleeping pools
where, vain as women, huge naiads
    marveled at themselves;

pale-blue sheets of water spread
    between the marble quays –
their rims of rose and green converged
    a universe away;

unimaginable gems
    glowed in magic streams;
mirrors dizzily exchanged
    the dazzling world they showed!

Sacred rivers crossed the sky
    in silent unconcern,
pouring the treasure of their urns
    into diamond gulfs.

Architect of such conceits,
    I sent submissive seas
into the jewelled conduits
    my will erected there;

and every color, even black,
    became a lustrous prism;
liquid turned to glowing glass
    and what was crystal flowed;

yet neither sun nor moon appeared,
    and no horizon paled
to light such wonders – from *within*
    each thing was luminous!

And on these marvels as they moved
        there weighed (without a sound –
the eye alone was master here)
        the silence of the Void.

2

Waking, dazzled, I was back
        in my familiar slum
and felt returning to my soul
        the curse of all my cares;

with unrelenting strokes the clock
        insisted it was noon,
and shadows poured out of the sky
        upon a sluggish world.

105 }&--TWILIGHT: DAYBREAK

The morning wind rattles the windowpanes
and over the barracks reveille rings out.

Dreams come now, bad dreams, and teen-age boys
burrow into their pillows. Now the lamp
that glowed at midnight seems, like a bloodshot eye,
to throb and throw a red stain on the room;
balked by the stubborn body's weight, the soul
mimics the lamplight's struggles with the dawn.
Like a face in tears – the tears effaced by wind –
the air is tremulous with escaping things,
and Man is tired of writing, Woman of love.

Here and there, chimneys begin to smoke.
Whores, mouths gaping, eyelids gray as ash,
sleep on their feet, leaning against the walls,
and beggar-women, hunched over sagging breasts,

blow on burning sticks, then on their hands.
Now, the hungry feel the cold the worst,
and women in labor suffer the sharpest pains;
now, like a sob cut short by a clot of blood,
a rooster crows somewhere; a sea of mist
swirls around the buildings; in the Hôtel-Dieu
the dying breathe their last, while the debauched,
spent by their exertions, sleep alone.

Shivering dawn, in a wisp of pink and green,
totters slowly across the empty Seine,
and dingy Paris – old drudge rubbing its eyes –
picks up its tools to begin another day.

WINE

106 ⌁ THE SOUL OF THE WINE

sang by night in its bottles: 'Dear mankind –
dear and disinherited! Break the seal
of scarlet wax that darkens my glass jail,
and I shall bring you light and brotherhood!

How long you labored on the fiery hills
among the needful vines! I know it cost
fanatic toil to make me what I am,
and I shall not be thankless or malign:

I take a potent pleasure when I pour
down the gullet of a workingman,
and how much more I relish burial
in his hot belly than in my cold vaults!

Listen to my music after hours,
the hope that quickens in my throbbing heart;
lean on the table with your sleeves rolled up
and honor me: you will know happiness,

for I shall bring a gleam to your wife's eyes,
a glow of power to your son's wan cheeks
and for this athlete flagging in the race
shall be the oil that strengthens wrestlers' limbs.

Into you I shall flow, ambrosia brewed
from precious seed the eternal Sower cast,
so that the poetry born of our love will grow
and blossom like a flower in God's sight!'

107 ⌁ RAGPICKERS' WINE

Look – there! in the streetlamp's dingy glow
– wind rattling the glass, lashing the flame –

out of the muddy labyrinth of streets
teeming with unruly, sordid types,

a ragpicker stumbles past, wagging his head
and bumping into walls with a poet's grace,
pouring out his heartfelt schemes to one
and all, including spies of the police.

He swears to wonders, lays down noble laws,
reforms the wicked, raises up their prey,
and under the lowering canopy of heaven
intoxicates himself on his own boasts.

More such creatures – who knows where they live? –
wracked by drudgery, ruined by the years,
staggering under enormous sacks of junk
– the vomit of surfeited Paris – now appear,

whole armies of them, reeking of sour wine,
comrades in arms, whitened by their wars,
whiskers drooping like surrendered flags . . .
Before them wave the banners and the palms –

as if by magic, arches of triumph rise
and in the chaos of exploding flares,
bugle-calls and battle-cries and drums,
they march in glory past a cheering mob!

So it is, through frivolous mankind,
that wine like a bright Pactolus pours its gold;
with human tongues it glorifies its deeds
and rules by what it gives, as true kings do.

To drown the spleen and pacify the sloth
of these old wrecks who die without a word,
God, taking pity, created Sleep; to which
Man added Wine, the sun's anointed son!

108 ‧—THE MURDERER'S WINE

My wife is dead, so now I'm free
    to drink until I drop.
No more nagging when I'm broke –
    I put a stop to that.

Today I'm happy. What a day –
    not a cloud in the sky!
The summer must have been this hot
    when I was courting her.

Thirsty – I'm thirsty all the time!
    A drink is what I need,
wine enough to fill her grave . . .
    which means a lot of wine.

You see, I threw her down a well
    and afterwards pushed in
the flagstones piled around the edge –
    that ought to keep her still.

'Meet me after dark,' I begged,
    'where we can be alone' –
the right words came all by themselves,
    you don't forget such tunes.

I told her we could patch things up
    the way they used to be,
and she . . . believed me! Women are
    crazy. Men are too.

Even though her face was lined
    she hadn't lost her looks,
and I still – I loved her too much;
    that's why she had to die.

Nobody understands. Name one
　　of the numbskull drunks I know
who ever dreamed when nights went bad
　　that wine could make a shroud.

That bunch! They feel about as much
　　as plowshares breaking ground –
plow or harrow! which of them
　　has ever known True Love

with all its cavalcade of tears
　　and fears and broken hearts
and poison darts and rattling chains . . .
　　and now the rattling bones?

I'm free of that – free and alone!
　　Tonight I'll be dead drunk
and lay myself out on the ground
　　without a second thought;

I'll sleep like a dog and never know
　　or care when the skidding wheels
of a wagon loaded down with rocks
　　crushes my guilty head

or cuts my heedless guts in half –
　　what happens, after that,
is no concern of mine: to Hell
　　with Hell! Good riddance, God!

109 ❦— THE SOLITARY'S WINE

The unexampled ogle of a whore
glinting toward you like the silver ray
the wavering moon releases on the lake
when she would bathe her listless beauty there;

the final bag of coins in a gambler's fist;
the cavernous kisses you get from Adeline;
the maddening tune that will not let you go,
as if it echoed faintly all of human pain –

none of that, my Bottle, can compare
with the remedy your long green curves supply
to the worshipful poet's ever-thirsting heart;

for him you pour out hope and youth and life –
and pride, the beggars' treasure! give us pride
that makes us winners – we shall be as gods!

110 🎜─LOVERS' WINE

Today the air is splendid!
no need for bridle or spurs –
mount the wine and set off
for a sky that is magic – divine!

Like a pair of angels driven
by some implacable fever,
up into morning's blue crystal
to follow the far mirage!

Cradled gently on the wing
of the conniving whirlwind,
rapt in a parallel transport,

my sister, we shall flee
side by side, unflagging,
to the Paradise of my dreams!

FLOWERS OF EVIL

111 — DESTRUCTION

I come and go – the Demon tags along,
hanging around me like the air I breathe;
each time I swallow he fills my burning lungs
with sinful cravings never satisfied.

Sometimes (for he knows my love of Art)
he visits in a seductive woman's form
and with the specious alibis of despair
inures my lips to squalid appetites.

Thereby he leads me out of God's regard,
spent and gasping – out to where the vast
barrens of Boredom stretch infinitely,

and here he hurls into my startled face
the open wounds, the rags they have soaked through,
and all Destruction's bloody bag of tricks!

112 — A MARTYR

DRAWING BY AN UNKNOWN MASTER

Among decanters, ivories and gems,
    sumptuous divans
with gold-brocaded silks and fragrant gowns
    trailing languid folds,

where lilies sorrowing in crystal urns
    exhale their final sigh
and where, as if the room were under glass,
    the air is pestilent,

a headless corpse emits a stream of blood
    the sopping pillows shed
onto thirsty sheets which drink it up
    as greedily as sand.

Pale as the visions which our captive eyes
    discover in the dark,
the head, enveloped in its sombre mane,
    emeralds still in its ears,

watches from a stool, a thing apart,
    and from the eyes rolled back
to whiteness blank as daybreak emanates
    an alabaster stare.

The carcass sprawling naked on the bed
    displays without a qualm
the splendid cynosure which prodigal
    Nature bestowed – betrayed;

pink with gold clocks, one stocking clings –
    a souvenir, it seems;
the garter, gleaming like a secret eye,
    darts a jewelled glance.

Doubled by a full-length portrait drawn
    in the same provocative pose,
the strange demeanor of this solitude
    reveals love's darker side –

profligate practices and guilty joys,
    embraces bound to please
the swarm of naughty angels frolicking
    in the curtains overhead;

yet judging from the narrow elegance
    of her shoulders sloping down
past the serpentine curve of her waist
    to the almost bony hips,

she still is young! – What torment in her soul,
    what tedium that stung

her senses gave this body to the throng
    of wandering, lost desires?

In spite of so much love, did the vengeful man
    she could not, living, sate
assuage on her inert and docile flesh
    the measure of his lust?

And did he, gripping her blood-stiffened hair
    lift up that dripping head
and press on her cold teeth one final kiss?
    The sullied corpse is still.

— Far from a scornful world of jeering crowds
    and peering magistrates,
sleep in peace, lovely enigma, sleep
    in your mysterious tomb:

your bridegroom roves, and your immortal form
    keeps vigil when he sleeps;
like you, no doubt, he will be constant too,
    and faithful unto death.

113 —LESBOS

Mother of Latin games and Greek delights,
Lesbos! where the kisses, languid or rapt,
cool as melons, burning as the sun,
adorn the dark and gild the shining days
given to Latin games and Greek delights;

Lesbos, where the kisses, like cascades,
teeming and turbulent yet secret, deep,
plunge undaunted into unplumbed gulfs
and gather there, gurgling and sobbing till
they overflow in ever-new cascades!

Where Phryne's breasts are judged by her own kind
and every sigh is answered by a kiss;
where Aphrodite envies Sappho's rite
at shrines as favored as the Cyprian's own,
and Phryne's judges never are unkind;

Lesbos, where on suffocating nights
before their mirrors, girls with hollow eyes
caress their ripened limbs in sterile joy
and taste the fruit of their nubility
on Lesbos during suffocating nights!

What if old Plato's scowling eyes condemn?
Kisses absolve you by their sweet excess
whose subtleties are inexhaustible!
Queen of the tender Archipelago,
pursue what Plato's scowling eyes condemn

and win your pardon for the martyrdom
forever inflicted on ambitious hearts
that yearn, far from us, for a radiant smile
they dimly glimpse on the rim of other skies –
you win your pardon for that martyrdom!

Which of the Gods will dare to disapprove
and chide the pallor of your studious brow?
Until Olympian scales have weighed the flood
of tears your rivers pour into the sea,
which of the Gods will dare to disapprove?

What use to us are laws of right and wrong?
High-hearted virgins, honor of the Isles,
your altars are august as any: love
will laugh at Heaven as it laughs at Hell!
What use to us are laws of right and wrong?

For Lesbos has chosen me among all men
to sing the secrets of her budding grove;
from childhood I have shared the mystery
of frenzied laughter laced with sullen tears,
and therefore am I chosen among men

to keep my lookout high on Sappho's Cliff,
vigilant as a sleepless sentinel
gazing night and day for the bark or brig
whose distant outline shimmers on the blue;
I keep my lookout high on Sappho's Cliff

to discover if the sea is merciful
and if, out of the sobbing breakers' surge,
there will return to Lesbos, which forgives,
the cherished corpse of Sappho who left us
to discover if the sea is merciful –

of virile Sappho, the lover and the poet,
fairer than Aphrodite whose blue gaze
surrenders to the sombre radiance
of ash-encircled burning eyes – the eyes
of virile Sappho, the lover and the poet!

Fairer than the Anadyómene
scattering her bright serenity
and all the treasures of her golden youth
upon old Ocean dazzled by his child –
fairer than the Anadyómene

was Sappho on the day she broke her vow
and died apostate to her own command,
her lovely body forfeit to a brute
whose arrogance avenged the sacrilege
of Sappho, lost the day she broke her vow . . .

And from that time to this, Lesbos laments.
Heedless of the homage of the world,
she drugs herself each night with cries of pain
that rend the skies above her empty shores,
and from that time to this Lesbos laments!

114 —DAMNED WOMEN

DELPHINE AND HIPPOLYTA

Disclosed, though dimly, by the faltering lamps,
Hippolyta rested on a soft and scented couch
reliving those caresses which had raised
the curtains of her inexperience.

Wild-eyed after the storm, she conjured up
already-distant skies of innocence,
just as a traveller might turn back to glimpse
blue horizons lost with the morning's light.

The sluggish tears of her unfocussed gaze,
her eager arms flung down as in defeat –
every trace of voluptuous apathy
served and set off her fragile loveliness.

Reclining at her feet, elated yet calm,
Delphine stared up at her with shining eyes
the way a lioness will watch her prey
once her fangs have marked it for her own.

In all her pride the potent beauty knelt
before the pitiable one, complacently
savoring the wine of her triumph, reaching up
as though to garner fond acknowledgment.

She searched her victim's eyes for evidence
of the silent canticle which pleasure sings

and that sublime and infinite gratitude
which glistens under the eyelids like a sigh.

'Hippolyta, my angel, how do you feel now?
Surely you realize you must not grant
the holy sacrifice of your first bloom
to cruel gales that would disfigure it . . .

My kisses are as light as those May-flies
which graze the great transparent lakes at sunset;
his would trace their furrows on your flesh
like the tongue of some lacerating plough –

as if you had been trampled by a team
of oxen with inexorable hooves . . .
Hippolyta, sister! turn your face to me,
my heart and soul, my other half, my all!

Let me see your eyes, my heaven, my stars!
For one of their healing glances I shall trade
as yet untasted pleasures: you will drift
to sleep in my arms dreaming an endless dream!'

But then Hippolyta looked up: 'Delphine,
I am grateful to you, I have no regrets,
yet I am troubled and my nerves are tense,
as if a dreadful feast had fouled the night . . .

Pangs of dread oppress me – I see ghosts
in black battalions beckoning me down
uncertain roads where each horizon ends
abruptly in a sky the color of blood.

What have we done – is it some wicked thing?
Must I endure this turmoil and this fear?
I cringe each time you call me "angel," yet
I feel my mouth long for you. No, Delphine –

don't look at me like that! I love you now
and I shall love you always: I choose you,
even if my choice becomes a trap
laid for me, and the onset of my doom.'

With adamant eyes and a despotic voice,
Delphine replied, shaking her tragic mane
as if she stirred on the priestess' tripod:
'Who in love's name dares to speak of Hell?

My curse forever on the dreaming fool
who entered first that endless labyrinth
and tried for all his folly to enlist
love in the service of morality!

Whoever hopes to force into accord
day and darkness, shadow and radiance,
will never warm his vacillating flesh
in that red sun our bodies know as love!

Go now – go find yourself some stupid boy
and give his lust your virgin heart to maul;
then, filled with horror, livid with disgust,
bring back to me your mutilated breasts . . .

You cannot please two masters in this world!'
But then the girl, in a paroxysm of grief,
suddenly cried out: 'There is emptiness
inside me – and that emptiness is my heart!

Searing as lava, deeper than the Void!
Nothing will satiate this monster's greed,
nothing appease the Fury who puts out
her flaming torch within my very blood . . .

O draw the curtains – leave the world outside!
There must be rest for all this weariness.

Let me annihilate myself upon
your breast and find the solace of a grave!'

Downward, wretched victims! ever down
the path you follow: make your way to hell,
into the pit where crime arouses crime,
seething together in the thunder's maw

and scourged by winds that never knew the sky
Down, frantic shades, and fall to your desires
where passion never slakes its raging thirst,
and from your pleasure stems your punishment.

Crack by crevice, into your sunless caves
feverish miasmas seep and gather strength
until they catch on fire like spirit-lamps,
imbuing your bodies with their vile perfume.

The harsh sterility of your delight
scalds your throat and desiccates your skin –
and the eyeless cyclone of concupiscence
rattles your flesh like an abandoned flag.

Wandering far from all mankind, condemned
to forage in the wilderness like wolves,
pursue your fate, chaotic souls, and flee
the infinite you bear within yourselves!

115 ⚜ DAMNED WOMEN

Pensive as cattle resting on the beach,
they are staring out to sea; their hands and feet
creep toward each other imperceptibly
and touch at last, hesitant then fierce.

How eagerly some, beguiled by secrets shared,
follow a talkative stream among the trees,
spelling out their timid childhood's love
and carving initials in the tender wood;

others pace as slow and grave as nuns
among the rocks where Anthony beheld
the purple breasts of his temptations rise
like lava from the visionary earth;

some by torchlight in the silent caves
consecrated once to pagan rites
invoke – to quench their fever's holocaust –
Bacchus, healer of the old regrets;

others still, beneath their scapulars,
conceal a whip that in the solitude
and darkness of the forest reconciles
tears of pleasure with the tears of pain.

Virgins, demons, monsters, martyrs, all
great spirits scornful of reality,
saints and satyrs in search of the infinite,
racked with sobs or loud in ecstasy,

you whom my soul has followed to your hell,
Sisters! I love you as I pity you
for your bleak sorrows, for your unslaked thirsts,
and for the love that gorges your great hearts!

116 ⟩⟩⟩ THE TWO KIND SISTERS

Death and Debauch, two friendly girls, bestow
lavish kisses, being in lusty health;
in years of labor, their still-virgin wombs,
covered with rags, have never given birth!

Notably for the poet – hell's own pet,
ominous enemy of the household gods –
whorehouse and charnel-house alike reserve
a bed Remorse has never visited.

Alcove and Coffin, rich in blasphemies,
with sisterly solicitude propose
terrible pleasures and appalling treats . . .

When will you bury me, Debauch? O Death,
whose pleasures rival hers, when will you come
to graft your cypress on her gruesome rose?

117 }●−THE FOUNTAIN OF BLOOD

Sometimes I feel my blood is spilling out
in sobs, the way a fountain overflows.
I know I hear it, sighing as it goes,
and search my flesh, but cannot find the wound;

it turns the stones to archipelagoes,
as if the city were a battleground,
slaking the thirst of every living thing
and dyeing all the world of nature red.

How often have I called for wine to drug,
if only for a day, this wasting fear –
my ears grow sharp on wine, my eyes grow clear!

In love I've sought an hour's oblivion –
but love to me is a pallet stuffed with pins
that drains away my blood for whores to drink!

118 ⟩⟩⟩– ALLEGORY

It is a lovely woman, richly dressed,
who shares her wineglass with her own long hair;
the brothel's rotgut and the brawls of love
have left the marble of her skin unmarred.
She flouts Debauchery and flirts with Death,
monsters who maim what they do not mow down,
and yet their talons have not dared molest
the simple majesty of this proud flesh.
Artemis walking, a sultana prone,
she worships pleasure with a Moslem's faith
and summons to her breasts with open arms
the race of men enslaved by her warm eyes.
Sterile this virgin, yet imperative
to the world and its workings what she knows:
the body's beauty is a noble gift
which wrests a pardon for all infamy.
What is Purgatory, what is Hell
to her? When she must go into the Night,
her eyes will gaze upon the face of Death
without hate, without remorse – as one newborn.

119 ⟩⟩⟩– EVEN SHE WHO WAS CALLED BEATRICE BY MANY WHO KNEW NOT WHEREFORE

Wandering a wasteland at high noon
where only ashes echoed my lament
to leafless nature, whetting as I went
the dagger of my mind against my heart,
I saw a dismal stormcloud bearing down
upon my head, bristling with vicious imps
as cruel as they were inquisitive.
Coldly they began to stare, the way

people with nothing better to do will mock
and marvel at a madman, these would laugh,
nudging each other and exchanging winks,
and whisper (loud enough for me to hear):

'Take a good look at this caricature
of Hamlet or – with his dishevelled hair,
his indecisive gaze – of Hamlet's Ghost!
Who could keep from laughing at the sight –
this shabby aesthete, this artistic sham,
this ham, this clamorous comedian
who knowing his abracadabra inside out
attempts to interest eagles (crickets too),
even flowers and fountains in his ranted woes,
reciting his routine at the top of his lungs
to us as well, who hatched the whole damned thing!'

I might (my pride is mountainous – a match
for clouds and crowds of demons and their jeers)
have simply turned away and wandered past,
had I not seen among that nasty crew
– nor was the sun unsettled by this crime –
the queen of my heart (I recognized those eyes)
laughing at my pain with all the rest
and giving them now and then a filthy kiss.

120 ❧ METAMORPHOSES OF THE VAMPIRE

The woman, meanwhile, writhing like a snake
across hot coals and hiking up her breasts
over her corset-stays, began to speak
as if her mouth had steeped each word in musk:
'My lips are smooth, and with them I know how
to smother conscience somewhere in these sheets.
I make the old men laugh like little boys,
and on my triumphant bosom all tears dry.

Look at me naked, and I will replace
sun and moon and every star in the sky.
So apt am I, dear scholar, in my lore
that once I fold a man in these fatal arms
or forfeit to his teeth my breasts which are
timid and teasing, tender and tyrannous,
upon these cushions swooning with delight
the impotent angels would be damned for me!'

When she had sucked the marrow from my bones,
and I leaned toward her listlessly
to return her loving kisses, all I saw
was a kind of slimy wineskin brimming with pus!
I closed my eyes in a spasm of cold fear,
and when I opened them to the light of day,
beside me, instead of that potent mannequin
who seemed to have drunk so deeply of my blood,
there trembled the wreckage of a skeleton
which grated with the cry of a weathervane
or a rusty signboard hanging from a pole,
battered by the wind on winter nights.

121 ❧ A VOYAGE TO CYTHERA

My heart flew up like a bird before the mast,
circled the shrouds and mounted free and clear;
the ship rolled on beneath a cloudless sky
like an angel drunk on the glory of the sun.

What is that dreary island – the black one there?
Cythera, someone says, the one in the song
insipid Eldorado of good old boys:
it isn't much of a place, as you can see.

Island of feasting hearts and secret joys!
Like a fragrance, the voluptuary ghost

of Aphrodite floats above your shores,
inflaming minds with languor and with love.

Island green with myrtle, rich with bloom,
revered forever by all mortal men
from whose adoring hearts wells up a sigh
soft as the fallen petals of a rose

or the relentless moan of doves . . . Cythera now
was nothing more than a thistled promontory
vexed by the wheeling gulls' unruly cries.
Yet there was something . . . I could see it now;

no temple sheltered by its sacred grove,
no priestess gathering blossoms, her loose robe
half-opened to the breezes as they passed,
her flesh ignited by a secret fire;

but as we cleared the coastline – close enough
to scare the shorebirds with our flapping sails –
we saw what it was: black against the sky,
no cypress but a branching gallows-tree.

Perched on their provender, ferocious birds
were ravaging the ripe corpse hanging there,
driving their filthy beaks like cruel drills
into each cranny of its rotten flesh;

the eyes were holes, and from the ruined groin
a coil of heavy guts had tumbled out –
the greedy creatures, gorged on hideous sweets,
had peck by vicious peck castrated him.

Below his feet, among a whining pack
that waited, muzzles lifted for their share,
some bigger beast was prowling back and forth
like a hangman huge among his underlings.

Inhabitant of Cythera, rapture's child,
how silently you suffered these affronts
in expiation of your shameful rites
and sins that have proscribed your burial.

Ludicrous carcass! I hung there with you,
and at the sight of your insulted limbs
I tasted, like a vomit in my mouth,
the bitter tide of age-old sufferings.

Knowing what you were and what you are,
I felt each saber-tooth and jabbing beak
of jet-black panthers and of carrion-crows
that once so loved to lacerate my flesh.

. . . The sky was suave, the sea serene; for me
from now on everything was bloody and black
– the worse for me – and as if in a shroud
my heart lay buried in this allegory.

On Aphrodite's island all I found
was a token gallows where my image hung . . .
Lord give me strength and courage to behold
my body and my heart without disgust!

122 ❧—EROS AND THE SKULL

AN OLD COLOPHON

Insolent Eros,
        seated on the skull
        of Humanity
        as if on a throne,
gaily blows bubbles:
        they rise, one after
        another, as if
        to rejoin the worlds

in the stratosphere.
      Frail and luminous,
      each globe as it mounts
      explodes, spattering
its tenuous soul
      like a golden dream.
      I hear the skull moan
      as each one shatters:
'When will this callous,
      ridiculous game
      of yours be over?
      What your cruel breath
scatters into air,
      Monster Murderer,
      is my very flesh
      and blood – gray matters!'

❧ REBELLION ❧❧❧❧❧❧❧❧

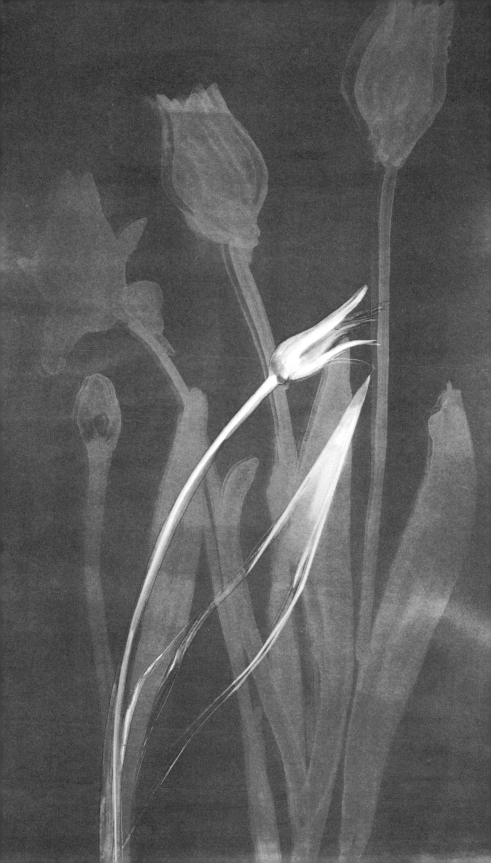

123 ⟩⟩- SAINT PETER'S DENIAL

The tide of curses day by day ascends
unto His hosts – and God, what does He do?
Like a tyrant gorged on meat and wine, He sleeps –
the sound of our blasphemies sweet in His Ears.

The martyrs' sobs, the screaming at the stake
compose, no doubt, a heady symphony;
indeed, for all the blood their pleasure costs,
the Heavens have not yet had half enough!

Remember the Mount of Olives, Jesus? When
you fell on your knees and humbly prayed to Him
Who laughed on high at the sound of hammering
as the butchers drove the nails into your flesh?

And when they spat on your divinity,
the jeering scullions and the conscript scum –
that moment when you felt the thorns impale
the skull which housed Humanity itself;

when the intolerable weight of your tormented flesh
hung from your distended arms; when blood
and sweat cascaded from your whitening brow;
when you were made a target for all eyes –

did you dream then of the wonder-working days
when you came to keep eternal promises,
riding an ass, and everywhere the ways
strewn with palms and flowers – those were the days!

when, your heart on fire with valor and with hope,
you whipped the moneylenders out of that place –
you were master then! But now, has not remorse
pierced your side even deeper than the spear?

Myself, I shall be satisfied to quit
a world where action is no kin to dreams;
would I had used – and perished by – the sword!
Peter denied his Master . . . He did well!

124 |⊱⸱⸱ ABEL & CAIN

I

Race of Abel, sleep and feed,
God is pleased;

grovel in the dirt and die,
Race of Cain.

Race of Abel, your sacrifice
flatters the nostrils of the Seraphim;

Race of Cain, is your punishment
never to know an end?

Race of Abel, your fields prosper,
your cattle grow fat;

Race of Cain, your belly clamors
like a famished dog.

Race of Abel, warm yourself
at the hearth of your fathers;

shiver in the jackal's den,
Race of Cain.

Race of Abel, increase and multiply,
even your gold will breed;

though your heart burn, Race of Cain,
beware great appetites.

Race of Abel, build your cities
even as the ants;

Race of Cain, your children beg
for bread beside the road.

2

Race of Abel, your corpse
will fatten the reeking earth;

your labor, Race of Cain,
is not yet done.

Race of Abel, behold your shame:
the sword yields to the butcher-knife!

Rise up, Race of Cain,
and cast God down upon the earth!

125 }·--SATAN'S LITANIES

Aptest angel and the loveliest!
a God betrayed, to whom no anthems rise,
    Satan, take pity on my sore distress!
Prince of exiles, exiled Prince who, wronged,
yet rises ever stronger from defeat,
    Satan, take pity on my sore distress!
Omniscient ruler of the hidden realm,
patient healer of all human pain,
    Satan, take pity on my sore distress!
Who even to lepers and such outcast scum
by love inculcates all we know of bliss,

Satan, take pity on my sore distress!
Who gave to Death, your oldest paramour,
a child both lunatic and lovely – Hope!
　　Satan, take pity on my sore distress!
Who grants the criminal's last look of pride
that damns the crowd beneath the guillotine,
　　Satan, take pity on my sore distress!
Who knows each cranny in the grudging earth
where gems are hidden by a jealous God,
　　Satan, take pity on my sore distress!
Whose eye can pierce the deepest arsenal
where buried metals slumber in the dark,
　　Satan, take pity on my sore distress!
Within whose mighty arm the sleepwalker
avoids the rooftop's yawning precipice,
　　Satan, take pity on my sore distress!
Who magically rescues the old bones
of drunkards trampled by the horses' hooves,
　　Satan, take pity on my sore distress!
Who to console our sufferings has taught
how readily shot and powder may be mixed,
　　Satan, take pity on my sore distress!
Who sets your sign, in sly complicity,
upon the rich man's unrelenting brow,
　　Satan, take pity on my sore distress!
Who lights in women's greedy hearts and eyes
worship of wounds, rapacity for rags,
　　Satan, take pity on my sore distress!
The outlaw's staff and the inventor's lamp,
confessor to the traitor, hanged man's priest,
　　Satan, take pity on my sore distress!
Adoptive father to those an angry God
the Father drove from His earthly paradise,
　　Satan, take pity on my sore distress!

PRAYER

Satan be praised! Glory to you on High
where once you reigned in Heaven, and in the Pit
where now you dream in taciturn defeat!
Grant that my soul, one day, beneath the Tree
of Knowledge, meet you when above your brow
its branches, like a second Temple, spread!

DEATH

126 ⟩⟩— THE DEATH OF LOVERS

We shall have richly scented beds –
couches deep as graves, and rare
flowers on the shelves will bloom
for us beneath a lovelier sky.

Emulously spending their last
warmth, our hearts will be as two
torches reflecting their double fires
in the twin mirrors of our minds.

One evening, rose and mystic blue,
we shall exchange a single glance,
a long sigh heavy with farewells;

and then an Angel, unlocking doors,
will come, loyal and gay, to bring
the tarnished mirrors back to life.

127 ⟩⟩— THE DEATH OF THE POOR

What else consoles? It is the remedy
and the preventive too, the one escape
that like a stupefying draught of wine
gives us the heart to get through one more day;

sure on the dim horizon shines one light
that never fails, in spite of storm and cold –
the famous inn all guidebooks recommend
where we can count on lodging for the Night.

Angel of Death, in your transforming hands
the straw we lie on turns to softest down,
our sleep is sound, our dreams are ecstasy!

Here is the mystic granary of heaven,
purse of the poor and our inheritance,
the open gateway to the unknown God!

128 &--THE DEATH OF ARTISTS

How often, grim Caricature, must I
jingle my bells and kiss your bestial brow?
Until my aim is true – the circle squared –
how many arrows forfeit to the Void?

We rack our brains with subtle stratagems
and ruin many massive armatures
before the splendid Creature may be seen
for whom our fatal longing makes us sob!

To some their idol will not be revealed,
and these doomed sculptors, branded with disgrace,
upbraid themselves and lacerate their breasts,

nursing one hope, sepulchral Capitol! –
that Death as it fills the sky like another sun
will make the flowers of their devising bloom!

129 &--DAY'S END

Mindless of the fading light,
Life – insolent, noisy Life
squanders itself until night
voluptuously reaches for

the horizon, consoling all –
even hunger, concealing all –
even shame, and then the Poet
murmurs to himself: 'At last!

Spine and spirit crave their rest
with one accord; my heart brims
over with dreams of dying –

I shall lie down, I shall sleep.
Shroud me in your panoply,
O replenishing darkness!'

130 ⟩— A STRANGE MAN'S DREAM

to Nadar

Have you felt – I have – a pain that you enjoyed?
Do they say about you, too: 'How strange he is!'
– I was dying, and a special agony
filled my eager soul: dread and desire,

anguish and expectation – no sense of revolt.
The closer I came to what would be the end,
the sharper was my torment and the more welcome;
my heart was wrenching free from the usual world.

I was like a child in front of a stage,
hating the curtain as if it were in the way . . .
Finally the cold truth was revealed:

I had simply died, and the terrible dawn
enveloped me. Could this be all there is?
The curtain was up, and I was waiting still.

131 ⟩— TRAVELERS

to Maxime Du Camp

I

The child enthralled by lithographs and maps
can satisfy his hunger for the world:

151

how limitless it is beneath the lamp,
and how it shrinks in the eyes of memory!

One morning we set out. Our heart is full,
our mind ablaze with rancor and disgust –
we yield it all to the rhythm of the waves,
our infinite self awash on the finite sea:

some are escaping from their country's shame,
some from the horror of life at home, and some
– astrologers blinded by a woman's stare –
are fugitives from Circe's tyranny;

rather than be turned to swine they drug
themselves on wind and sea and glowing skies;
rain and snow and incinerating suns
gradually erase her kisses' scars.

But only those who leave for leaving's sake
are *travelers*; hearts tugging like balloons,
they never balk at what they call their fate
and, not knowing why, keep muttering 'away!' . . .

those whose longings have the shape of clouds,
who dream – as conscripts dream of guns – of huge
and fluctuating and obscure delights,
none of which has ever had a name.

2

As if we wanted to be a ball or a top!
bouncing and twirling – even in our sleep
we look for something, driven round and round
like a sun some cruel Angel spins in space.

Preposterous quest! whose goal cannot be known
but, being nowhere, can be anywhere;
only our hope is inexhaustible,
and Man pursues repose until he drops!

Our soul is a schooner seeking a free port,
and when the question rises from the deck,
a voice from the topmast eagerly replies:
'Happiness! . . . Glory! . . . Love! . . .' Another reef.

The lookout hails each island, after dark,
as El Dorado and the Promised Land;
imagination readies for its feast –
and sights a sandbar by the morning light.

Irons or overboard with the drunken tar,
pathetic lover of chimerical coasts
who dreams Atlantis and then finds the sea
emptier for one more fond mirage!

One more old sailor in the muddy slums
who meditates, half blind, on Happy Isles
and thinks he sees the beacons of Dakar
each time a candle gutters in the dark.

3

Awesome travelers! What noble chronicles
we read in your unfathomable eyes!
Open the sea-chests of your memories
and show us jewels made of storms and stars.

We long to journey without steam or sail!
Help us forget the prison of our days
and on the canvas of our minds unfurl
your visions framed by the horizon's gold.

Tell us what you've seen!

4

　　　　　'We've seen the stars,
the waves, and shoals we failed to see – we saw;

and though destruction came in many forms,
we were too often bored, the same as here.

The glory of the sun on Tyrian seas,
the glow of cities when the sun goes down,
awakened in our hearts a restless urge
to plunge into a still more distant sky.

None of the famous landscapes that we saw
equalled the mysterious allure
of those that Chance arranges in the clouds . . .
And our desire would let us have no peace!

Enjoyment breeds desire tenfold . . . Desire!
Old tree manured by pleasure, all the while
your bark will coarsen, growing thick and hard,
your branches seek the sun at closer range!

Great tree, will you grow forever, hardier
than the cypress? All the same, we've brought
these images for your albums, stay-at-homes
who prize whatever comes from far away:

idols we saw, hideous gods whose thrones
were set with emeralds the size of plums;
and palaces of marble lace whose cost
would ruin your most reckless millionaires;

robes embroidered by a thousand slaves;
women who filed their lacquered teeth to points;
jugglers sinuous as the snakes they charmed . . .'

5
Yes, and what else?

6
            'You talk just like a child!

Chief among all the wonders that we glimpsed
in every hole and corner, forced on our sight
at every turn of Fortune's fatal wheel –
the boring pageant of immortal sin:

Woman a slave and yet vainglorious,
stupid and unashamed in her self-love;
Man a greedy tyrant, slave of his slaves,
swelling the sewer to a stinking flood;

victims in tears, the hangman glorified;
the banquet seasoned and festooned with blood:
the poison of power clogs the despot's veins,
and the people kiss the knout that scourges them;

several religions similar to ours,
besieging heaven – the holy everywhere
like sybarites on rose-beds (only on
beds of nails) in hot pursuit of bliss;

Humanity enslaved by rhetoric
and mad today as it has ever been,
screaming to God in a tantrum of despair:
"I curse You in my Image – Father, be damned!"

And the least stupid, Ecstasy's elect,
fleeing the herd where Fate has penned them fast,
take refuge in the wards of Opium!
– So much for what is news around the world!'

7

It is a bitter truth our travels teach!
Tiny and monotonous, the world
has shown – will always show us – what we are:
oases of fear in the wasteland of ennui!

Choose your desolation – stay if you can,
stir if you must. One man chooses sloth
to cheat a tireless adversary, Time,
out of his triumph in the funeral games.

Another journeys, like the Wandering Jew,
forever, but no roving can evade
the merciless net; still others seem to know
how to kill Time before they're even weaned!

Yet we are his in the end. One hope remains:
to venture forth, with 'Onward!' as our cry . . .
Just as once we set sail for Cathay,
wind in our hair, eyes on the open sea,

we shall embark upon the Sea of Shades
with all the elation of a boy's first cruise . . .
Do you hear those lovely voices? They have death
in their appeal: 'Come with us, come and eat

the fragrant Lotus! Here is where we reap
the magic harvest that you hunger for!
Come and revel in the sweet delight
of days where it is always afternoon!'

Pylades is there, his arms held out;
we know the sound by heart, we guess the ghost!
It is her voice – we used to kiss her knees –
'Orestes, come – Electra waits for you . . .'

8

Death, old admiral, up anchor now,
this country wearies us. Put out to sea!
What if the waves and winds are black as ink,
our hearts are filled with light. You know our hearts!

Pour us your poison, let us be comforted!
Once we have burned our brains out, we can plunge
to Hell or Heaven – any abyss will do –
deep in the Unknown to find the *new*!

ADDITIONAL POEMS

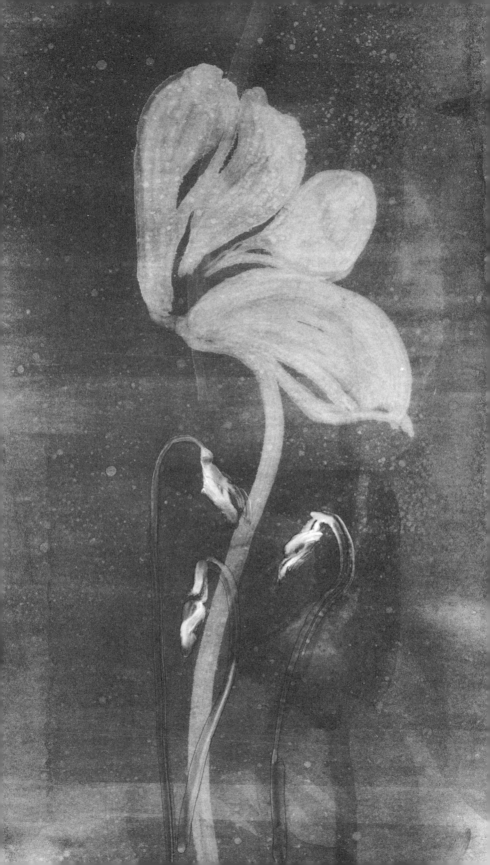

1 ⁊— THE FOUNTAIN

Your eyes are tired, poor lover – close them, then;
lie still, just as you are, in that casual pose
where pleasure found you, took you, let you go!
Down in the courtyard the fountain whispers on,
never falling silent, day or night –
an echo of the ecstasy that was
this evening's overwhelming gift of love.

> The wisp of water rises,
> wavers, reappears:
> a white bouquet
> whose flowers sway
> until the moon releases
> showers of bright tears.

So it is with your soul that, set aglow
and glorified by the flash of pleasure shared,
surges swift and valiant to the skies
that hale it to their vast enchanted height,
then sinks back, dying in a slow descent
of languor which by melancholy ways
ebbs to the inmost center of my heart.

> The wisp of water rises,
> wavers, reappears:
> a white bouquet
> where flowers sway
> until the moon releases
> showers of bright tears.

Lover, whom the darkness so becomes
that I rejoice to lie upon your breast
and listen to the never-ending plaint
which murmurs to itself in marble pools
among the trees disheveled by the wind:
moon, melodious water, marvellous night –
your sorrow is the mirror of my love!

The wisp of water rises,
wavers, reappears:
a white bouquet
whose flowers sway
until the moon releases
showers of bright tears.

2 &·-- BERTHE: HER EYES

No other eyes can bear comparison!
Something of Night is in your glance, my child;
a gentle darkness falls and fills and flees –
O world of charming shadows, fall on me!

Great eyes of my child, beloved shrines,
you make me think of those enchanted caves
where out of the lethargic mysteries
neglected treasures tenuously shine.

The eyes of my child are secret and immense
as you are, boundless Night – lit up like you
with stars that are the dreams of Love and Faith,
whose depths are luminous, alluring, chaste . . .

3 &·-- HYMN

To Love in all her loveliness
filling my heart with light,
to the Angel, the Idol, the Muse,
homage and endless praise!

Who like a salt-wind from the sea
suffuses life with joy
and pours into my unslaked heart
eternity's bouquet!

What is your substance, flawless Love?
    Who can pronounce your name,
invisible grain of musk at the core
    of my immortal soul?

Sachet forever fresh that scents
    this intimate retreat,
forgotten censer smoking still
    in secret through the dark!

To Love who by her favor grants
    my health and happiness,
to the Angel, the Idol, the Muse,
    homage and endless praise!

4 ✻— THE PROMISES OF A FACE

I love, pale Beauty, how the shadows mass
    beneath the arches of your brow;
black as they are, those eyes of yours inspire
    anything but funereal thoughts –

eyes which languishingly show the way
    out of that labyrinth of hair,
eyes which intimate: 'If you desire,
    lover of the modelled muse,

to realize the hopes that we arouse
    and sate the tastes that you profess,
rely on what you see: descend, explore
    a matching nether opulence;

you'll find at the tip of each imposing breast
    a medal cast in massy bronze,
and where the belly's sulfur silk is seamed
    with saffron velvet, flourishes

a sinuous fleece which is in fact the twin
    of that enormous head of hair –
and which in darkness rivals you, O Night,
    deep and spreading starless Night!'

5   THREE EPIGRAPHS

ON A PORTRAIT OF HONORE DAUMIER

The man whose image is presented here
and who by the most penetrating art
affords us means of laughing at ourselves –
this man, dear reader, is a philosopher.

He mocks us – true, he is a satirist,
and yet the energy with which he paints
(or etches) Evil and its aftermath
demonstrates the beauty of his heart.

His mirth is the reverse of Melmoth's sneer
or the snickering of Mephistopheles,
licked by the lurid light of a Fury's torch
that burns them to a crisp but leaves us cold –

a glance at their glee shows it for what it is,
a painful caricature of gaiety;
while Daumier's spreads like sunlight, glad and free,
a sign of kindness, evidence of grace.

ON MANET'S PORTRAIT OF
'LOLA DE VALENCE'

Among so many Beauties, you might think
Desire confused, yet it abandons them
all for Lola flashing black and pink
iridescence of a secret gem . . .

ON DELACROIX'S 'TASSO IN PRISON'

The poet in the dungeon – ragged, sick,
and trampling on a manuscript in shreds –
measures with a panic-stricken glare
the dizzying stairs that swallow up his soul.

Beguiled by ghostly laughter in the air
his reason falters, grasps at phantom straws;
Doubt besieges him and imbecile Fears
in hideous yet ever-changing shapes . . .

This genius confined in a filthy hole,
these shrieks and grimaces, the spectral swarm
gibbering spitefully behind his ear,

this dreamer whom the madhouse horror wakes –
here is your emblem, visionary soul,
smothered by Reality between four walls!

6 ⅌⸺ THE VOICE

Above my cradle loomed the bookcase where
Latin ashes and the dust of Greece
mingled with novels, history, and verse
in one dark Babel. I was folio-high
when I first heard the voices. 'All the world,'
said one, insidious but sure, 'is cake –
let me make you an appetite to match,
and then your happiness need have no end.'
And the other: 'Come, O come with me in dreams
beyond the possible, beyond the known!'
that second voice sang like the wind in the reeds,
a wandering phantom out of nowhere, sweet
to hear yet somehow horrifying too.
'Now and forever!' I answered, whereupon

my wound was with me – ever since, my Fate:
behind the scenes, the frivolous decors
of all existence, deep in the abyss,
I see distinctly other, brighter worlds;
yet victimized by what I know I see,
I sense the serpent coiling at my heels;
and therefore, like the prophets, from that hour
I've loved the wilderness, I've loved the sea;
no ordinary sadness touches me
though I find savor in the bitterest wine;
how many truths I trade away for lies,
and musing on heaven, stumble over trash . . .
Even so, the voice consoles me: 'Keep your dreams,
the wise have none so lovely as the mad.'

7 }❧⚬-- THE UNFORESEEN

A miser watches while his father dies
and speculates, before the corpse is cold:
'There must be some old boards out in the shed –
    good enough for such a thing!'

A coquette coos to herself: 'My heart is kind,
and naturally God gave me looks to match.'
Her heart! that organ shrivelled like a ham
    cured in Hell's eternal fire!

A fuming scribbler – ask *him*: he's a torch! –
taunts his readers drowned in a sea of ink:
'Where has He gone, this loving God of yours,
    where is the Savior you profess?'

Better still, I know one libertine
who wrings his hands and snivels night and day,
repeating helplessly: 'I will be good –
    starting first thing tomorrow!'

The clock in the tower whispers: 'It is time.
Useless to warn them – flesh is deaf and blind,
and fragile as a termite-ridden wall
    the grubs have eaten from within.'

Whereupon appears One they had all denied –
their gloating accuser: 'I trust that you enjoyed
taking communion from my chamber-pot
    at our charming little Black Mass?

Each of you in his heart has worshipped me,
in secret kissed my filthy ass – behold!
Hear my laugh and welcome Satan home,
    huge and ugly as the earth itself!

Red-handed hypocrites, how could you hope
to diddle your Master out of his reward?
As if *two* prizes were given: being rich
    and reaching Heaven besides!

His prey must make it worth the hunter's while
to stalk such game so long out in the cold.
Now you will learn just how much misery
    loves company – come down!

down with me through layers of mud and dust,
down through the rubble of your rotting graves
into my palace carved from a single rock
    without one soft spot in its heart,

made as it is of universal Sin:
it holds my pain, my glory and my pride!'
– Meanwhile perched above the universe
    an Angel trumpets the victory

of those whose hearts exclaim: 'O Lord, my God!
I bless Thy rod, I thank Thee for this pain!

My soul in Thy hands is more than a futile toy,
    and Thy wisdom is infinite.'

That trumpet's sound is so magnificent
on solemn eves of Heavenly harvesting,
that like an ecstasy it gladdens those
    whose praises it proclaims.

8 TO A MALABAR GIRL

Your feet are agile as your hands; your hips
make well-endowed white women envious;
your velvet eyes are blacker than your flesh,
and for the artist pondering his theme
your body is a blessing undisguised.
Livening hot blue landscapes where you live,
you fill the water-jugs and perfume jars,
you light your master's pipe and wave away
mosquitoes from his bed – such are your tasks,
and when the plane-trees rustle in the dawn
you buy bananas ripe from the bazaar.
The day is filled with the sound of your bare feet
and snatches of incomprehensible songs;
when evening's scarlet mantle falls, you stretch
your limbs out on the matting, and you dream –
what do you dream? There must be hummingbirds
and bright hibiscus lovely as yourself . . .

Poor happy child! You want to visit France,
that crowded country where no one is well?
Make your farewells to swaying tamarinds
and trust your life to sailors and the sea?
Dressed in nothing but those muslin rags
you'd shiver out your days beneath the snow –
how you would weep for carefree nakedness,
your supple body cruelly corseted

as you hustled supper in the city's mud,
selling the fragrance of your foreign charms,
sad-eyed and yearning through our filthy fogs
for the scattered ghosts of absent coco palms!

9   A LONG WAY FROM HERE

This is the place – the holy hut
where, always in her Sunday best
and elbow-deep in cushions, she

waits for us – or anyone – to call,
listening to the fountains sob
and fanning her unbridled breast;

we are in Dorothea's room –
nearby, the wind and water sing
a tearful sort of cradle-song
to pacify this pampered child.

Dedicated downward strokes
massage her skin to burnished teak
with oil of musk and benjamin
– and all our tribute flowers swoon.

10   ROMANTIC SUNSET

The sun is all very well when it rises – then
who minds returning its abrupt salute?
But fortunate the man who still can find
room in his heart for its high-flown farewell!

Take my case. I have seen all nature swoon
under that gaze, like an over-driven heart.
Late as it is, who can resist the West
and the hope of entertaining one last ray . . .

No use following! The god withdraws,
and darkness comes into its own. The world
is cold and wet and full of mysteries;

a mortuary odor fouls the marsh
where my uncertain footsteps try to keep
from squashing frogs or snakes or something worse . . .

11 }•·- SCRUTINY AT MIDNIGHT

The clock ironically summons us
to account for what we did with this day past,
Friday the thirteenth, ominous date! and yet,
knowing the risks, we have defiled our life –

blasphemed the most incontestable of Gods
and (worthy slave of Hell) like a parasite
at Croesus' feast, to please our monstrous host,
mocked what we love and what we loathe acclaimed!

oppressed the weak we wrongfully despise
and (servile bully) cringed to stupid Power,
genuflected before the throne of Things
and blessed the phosphorescence of decay!

Last, to cheat our moods with madness, we
whose Muse's priesthood serves a world of death
have drunk without thirst and eaten without hunger!
– Let darkness hide us: quick, blow out the lamp!

12 }•·- SAD MADRIGAL

I

What does it matter to me that you are wise?
    Be lovely – and be sad!

Tears are an advantage to the face,
as streams enhance the meadow's mystery
    and rains refresh the rose.

I love you best of all when happiness
    fades from your downcast brow;
when horror overflows your heart; and when
your days are darkened by a spreading cloud:
    the shadow of the past.

I love you when your brimming eyes release
    teardrops hot as blood;
when all my consolations fail, and pain
is more than your tormented life can bear:
    a deathbed agony.

I drink up every tear you weep – they are
    the holiest joy I know,
the truest hymn, the most delicious draught:
deep in your heart I see them shining still,
    the pearls shed by your eyes!

2

I know your heart, that crowded solitude
    where old uprooted loves
are crammed into a roaring forge: you nurse
beneath your breast a semblance of the pride
    that purifies the damned;

yet not until your dreams, my dear, reflect
    the fires of Hell itself,
the nightmares you can never waken from
for all your faith in poison and the noose,
    in powder, shot, and steel;

not until you cower at each knock
    and dread the air you breathe,

shuddering each time you hear the clock,
will you have known the merciless embrace
    of absolute Disgust –

then, only then, my slave, my queen,
        whose love for me is fear,
your soul half-stifled by the tainted night,
will you turn to me and sob the words: 'I am
        your equal, O my King!'

13)*-- THE REBEL

An angry Angel plunges out of the sky,
grips the sinner's hair and shakes him hard,
shouting: 'Hear and obey, it is the law!
I am your Guardian Angel. Do my will!

Learn that you must love, with all your heart,
the poor in body and spirit, the low, the lost,
so that your charity may spread for Christ
a proper carpet when He walks the earth.

Such is true love! Before your heart goes numb,
let the glory of God awaken it to joy,
for that alone among your pleasures lasts!'

And the Angel, punishing to prove his love,
torments his victim with his giant fists;
but still the damned soul answers: 'I will not!'

14)*-- A PAGAN'S PRAYER

No, no less than the worst of your fires will do
to warm my sluggish heart to life again . . .
Pleasure! sensual Pleasure, scourge of souls:
Diva, supplicem exaudi! Grant me pain!

Goddess brightening the air we breathe,
flame in the darkness following our feet,
hear the petition of a fallen soul
who consecrates to you a brazen song.

Pleasure, sensual Pleasure! Be my queen
forever! Wear the siren mask of flesh
and velvet that beguiles the skull beneath,

or fill my goblet with your heavy sleep
that shimmers in the mysteries of wine,
Pleasure, shifting phantom, shameless Muse!

15 }⊷⋯ MEDITATION

Behave, my Sorrow! let's have no more scenes.
Evening's what you wanted – Evening's here:
a gradual darkness overtakes the town,
bringing peace to some, to others pain.

Now, while humanity racks up remorse
in low distractions under Pleasure's lash,
grovelling for a ruthless master – come
away, my Sorrow, leave them! Give me your hand . . .

See how the dear departed dowdy years
crowd the balconies of heaven, leaning down,
while smiling out of the sea appears Regret;

the Sun will die in its sleep beneath a bridge,
and trailing westward like a winding-sheet –
listen, my dear – how softly Night arrives.

16 &--- THE ABYSS

Pascal had his abyss, it followed him.
But the abyss is All – action and dream,
language, desire! – and who could count the times
the wind of Fear has made my blood run cold!

Each way I turn, above me and below,
tempting and terrible too the silence, the space . . .
By night God traces with a knowing hand
unending nightmares on unending dark.

I balk at sleep as if it were a hole
filled up with horrors, leading God knows where;
my windows open on Infinity,

and haunted by its vertigo my mind
envies the indifference of the void:
will Numbers and Beings never set me free!

17 &--- ICARUS LAMENTS

Happy men who fornicate with whores
    are satisfied and fit,
while my exhausted arms are impotent
    from clasping only clouds;

nights of staring at the peerless stars
    which ornament the dark
have seared my eyes until they see no more
    than memories of suns;

I have not hollowed out the heart of space
    nor touched its boundaries:
beneath a fiery gaze I cannot meet
    I feel my pinions fail;

I burn for beauty, but I shall not have
    the highest accolade –
my name will not be given to the abyss
    which waits to be my grave.

18 }&*-- THE LID

Wherever he goes – on land or out to sea,
under a flaming sun or a frozen sky –
servant of Jesus, Aphrodite's slave,
Midas in splendor, mendicant in rags,

city-mouse, country-mouse, anchored or adrift,
whether his wits are vacuous or keen,
man lives in terror of the Mystery
and casts a trembling glance above his head

to heaven – Heavens! the vault that walls him in,
illuminated ceiling of a music-hall
where every walk-on treads a bloody board;

the hermit's hope, the libertine's despair –
the Sky! black lid of that enormous pot
in which innumerable generations boil.

19 }&*-- THE OFFENDED MOON

Worshipped once, discreetly, by our sires
as Cynthia, the lamp of secret haunts,
and still attended through blue landscapes by
a blameless harem of the stars, O moon!

do you see the lovers on their prosperous beds,
teeth gleaming where they sleep open-mouthed?
Do you see the poet struggling with his lines?
Or the vipers coupling in the new-mown hay?

Creeping on high in your yellow domino,
do you still, from darkness until dawn,
search out Endymion's outdated charms?

— 'What I see is your mother, child of this ruined age,
bent to her looking-glass by the weight of years
and skillfully painting the breast that suckled you!'

20 &--- EPIGRAPH FOR A BANNED BOOK

Gentle reader, being — as you are —
a cautious man of uncorrupted tastes,
lay aside this disobliging work,
as orgiastic as it is abject.

Unless you've graduated from the school
of Satan (devil of a pedagogue!)
the poems will be Greek to you, or else
you'll set me down for one more raving fool.

If, however, your impassive eye
can plunge into the chasms on each page,
read on, my friend: you'll learn to love me yet.

Inquiring spirit, fellow-sufferer
in search, even here, of your own Paradise,
pity me . . . If not, to Hell with you!

LES FLEURS DU MAL

AU POETE IMPECCABLE

AU PARFAIT MAGICIEN ES LETTRES FRANCAISES

A MON TRES-CHER ET TRES-VENERE

MAITRE ET AMI

THEOPHILE GAUTIER

AVEC LES SENTIMENTS

DE LA PLUS PROFONDE HUMILITE

JE DEDIE

CES FLEURS MALADIVES

C. B.

Au lecteur

La sottise, l'erreur, le péché, la lésine,
Occupent nos esprits et travaillent nos corps,
Et nous alimentons nos aimables remords,
Comme les mendiants nourrissent leur vermine.

Nos péchés sont têtus, nos repentirs sont lâches;
Nous nous faisons payer grassement nos aveux,
Et nous rentrons gaiement dans le chemin bourbeux,
Croyant par de vils pleurs laver toutes nos taches.

Sur l'oreiller du mal c'est Satan Trismégiste
Qui berce longuement notre esprit enchanté,
Et le riche métal de notre volonté
Est tout vaporisé par ce savant chimiste.

C'est le Diable qui tient les fils qui nous remuent!
Aux objets répugnants nous trouvons des appas;
Chaque jour vers l'Enfer nous descendons d'un pas,
Sans horreur, à travers des ténèbres qui puent.

Ainsi qu'un débauché pauvre qui baise et mange
Le sein martyrisé d'une antique catin,
Nous volons au passage un plaisir clandestin
Que nous pressons bien fort comme une vieille orange.

Serré, fourmillant, comme un million d'helminthes,
Dans nos cerveaux ribote un peuple de Démons,
Et, quand nous respirons, la Mort dans nos poumons
Descend, fleuve invisible, avec de sourdes plaintes.

Si le viol, le poison, le poignard, l'incendie,
N'ont pas encor brodé de leurs plaisants dessins
Le canevas banal de nos piteux destins,
C'est que notre âme, hélas! n'est pas assez hardie.

Mais parmi les chacals, les panthères, les lices,
Les singes, les scorpions, les vautours, les serpents,
Les monstres glapissants, hurlants, grognants, rampants,
Dans le ménagerie infâme de nos vices,

Il en est un plus laid, plus méchant, plus immonde!
Quoiqu'il ne pousse ni grands gestes ni grands cris,
Il ferait volontiers de la terre un débris
Et dans un bâillement avalerait le monde;

C'est l'Ennui! – l'œil chargé d'un pleur involontaire,
Il rêve d'échafauds en fumant son houka.
Tu le connais, lecteur, ce monstre délicat,
– Hypocrite lecteur, – mon semblable, – mon frère!

SPLEEN ET IDEAL

1   **BENEDICTION**

Lorsque, par un décret des puissances suprêmes,
Le Poète apparaît en ce monde ennuyé,
Sa mère épouvantée et pleine de blasphèmes
Crispe ses poings vers Dieu, qui la prend en pitié:

– 'Ah ! que n'ai-je mis bas tout un nœud de vipères,
Plutôt que de nourrir cette dérision!
Maudite soit la nuit aux plaisirs éphémères
Où mon ventre a conçu mon expiation!

Puisque tu m'as choisie entre toutes les femmes
Pour être le dégoût de mon triste mari,
Et que je ne puis pas rejeter dans les flammes,
Comme un billet d'amour, ce monstre rabougri,

Je ferai rejaillir ta haine qui m'accable
Sur l'instrument maudit de tes méchancetés,
Et je tordrai si bien cet arbre misérable,
Qu'il ne pourra pousser ses boutons empestés!'

Elle ravale ainsi l'écume de sa haine,
Et, ne comprenant pas les desseins éternels,
Elle-même prépare au fond de la Géhenne
Les bûchers consacrés aux crimes maternels.

Pourtant, sous la tutelle invisible d'un Ange,
L'Enfant déshérité s'enivre de soleil,
Et dans tout ce qu'il boit et dans tout qu'il mange
Retrouve l'ambroisie et le nectar vermeil.

Il joue avec le vent, cause avec le nuage,
Et s'enivre en chantant du chemin de la croix;
Et l'Esprit qui le suit dans son pèlerinage
Pleure de le voir gai comme un oiseau des bois.

Tous ceux qu'il veut aimer l'observent avec crainte,
Ou bien, s'enhardissant de sa tranquillité,
Cherchent à qui saura lui tirer une plainte,
Et font sur lui l'essai de leur férocité.

Dans le pain et le vin destinés à sa bouche
Ils mêlent de la cendre avec d'impurs crachats;
Avec hypocrisie ils jettent ce qu'il touche,
Et s'accusent d'avoir mis leurs pieds dans ses pas.

Sa femme va criant sur les places publiques:
'Puisqu'il me trouve assez belle pour m'adorer,
Je ferai le métier des idoles antiques,
Et comme elles je veux me faire redorer;

Et je me soûlerai de nard, d'encens, de myrrhe,
De génuflexions, de viandes et de vins,
Pour savoir si je puis dans un cœur qui m'admire
Usurper en riant les hommages divins!

Et, quand je m'ennuierai de ces farces impies,
Je poserai sur lui ma frêle et forte main;
Et mes ongles, pareils aux ongles des harpies,
Sauront jusqu'à son cœur se frayer un chemin.

Comme un tout jeune oiseau qui tremble et qui palpite,
J'arracherai ce cœur tout rouge de son sein,
Et, pour rassasier ma bête favorite,
Je le lui jetterai par terre avec dédain!'

Vers le Ciel, où son œil voit un trône splendide,
Le Poète serein lève ses bras pieux,
Et les vastes éclairs de son esprit lucide
Lui dérobent l'aspect des peuples furieux:

– 'Soyez béni, mon Dieu, qui donnez la souffrance
Comme un divin remède à nos impuretés

Et comme la meilleure et la plus pure essence
Qui prépare les forts aux saintes voluptés!

Je sais que vous gardez une place au Poète
Dans les rangs bienheureux des saintes Légions,
Et que vous l'invitez à l'éternelle fête
Des Trônes, des Vertus, des Dominations.

Je sais que la douleur est la noblesse unique
Où ne mordront jamais la terre et les enfers,
Et qu'il faut pour tresser ma couronne mystique
Imposer tous les temps et tous les univers.

Mais les bijoux perdus de l'antique Palmyre,
Les métaux inconnus, les perles de la mer,
Par votre main montés, ne pourraient pas suffire
A ce beau diadème éblouissant et clair;

Car il ne sera fait que de pure lumière,
Puisée au foyer saint des rayons primitifs,
Et dont les yeux mortels, dans leur splendeur entière,
Ne sont que des miroirs obscurcis et plaintifs!'

2 — L'ALBATROS

Souvent, pour s'amuser, les hommes d'équipage
Prennent des albatros, vastes oiseaux des mers,
Qui suivent, indolents compagnons de voyage,
Le navire glissant sur les gouffres amers.

A peine les ont-ils déposés sur les planches,
Que ces rois de l'azur, maladroits et honteux,
Laissent piteusement leurs grandes ailes blanches
Comme des avirons traîner à côté d'eux.

Ce voyageur ailé, comme il est gauche et veule!
Lui, naguère si beau, qu'il est comique et laid!

L'un agace son bec avec un brûle-gueule,
L'autre mime, en boitant, l'infirme qui volait!

Le Poète est semblable au prince des nuées
Qui hante la tempête et se rit de l'archer;
Exilé sur le sol au milieu des huées,
Ses ailes de géant l'empêchent de marcher.

3 *-- ELEVATION

Au-dessus des étangs, au-dessus des vallées,
Des montagnes, des bois, des nuages, des mers,
Par delà le soleil, par delà les éthers,
Par delà les confins des sphères étoilées,

Mon esprit, tu te meus avec agilité,
Et, comme un bon nageur qui se pâme dans l'onde,
Tu sillonnes gaiement l'immensité profonde
Avec une indicible et mâle volupté.

Envole-toi bien loin de ces miasmes morbides;
Va te purifier dans l'air supérieur,
Et bois, comme une pure et divine liqueur,
Le feu clair qui remplit les espaces limpides.

Derrière les ennuis et les vastes chagrins
Qui chargent de leur poids l'existence brumeuse,
Heureux celui qui peut d'une aile vigoureuse
S'élancer vers les champs lumineux et sereins!

Celui dont les pensers, comme des alouettes,
Vers les cieux le matin prennent un libre essor,
– Qui plane sur la vie, et comprend sans effort
Le langage des fleurs et des choses muettes!

4)¿°— CORRESPONDANCES

La Nature est un temple où de vivants piliers
Laissent parfois sortir de confuses paroles;
L'homme y passe à travers des forêts de symboles
Qui l'observent avec des regards familiers.

Comme de longs échos qui de loin se confondent
Dans une ténébreuse et profonde unité,
Vaste comme la nuit et comme la clarté,
Les parfums, les couleurs et les sons se répondent.

Il est des parfums frais comme des chairs d'enfants,
Doux comme les hautbois, verts comme les prairies,
– Et d'autres, corrompus, riches et triomphants,

Ayant l'expansion des choses infinies,
Comme l'ambre, le musc, le benjoin et l'encens,
Qui chantent les transports de l'esprit et des sens.

5)¿°— J'aime le souvenir de ces époques nues,
Dont Phœbus se plaisait à dorer les statues.
Alors l'homme et la femme en leur agilité
Jouissaient sans mensonge et sans anxiété,
Et, le ciel amoureux leur caressant l'échine,
Exerçaient la santé de leur noble machine.
Cybèle alors, fertile en produits généreux,
Ne trouvait point ses fils un poids trop onéreux,
Mais, louve au cœur gonflé de tendresses communes,
Abreuvait l'univers à ses tétines brunes.
L'homme, élégant, robuste et fort, avait le droit
D'être fier des beautés qui le nommaient leur roi;
Fruits purs de tout outrage et vierges de gerçures,
Dont la chair lisse et ferme appelait les morsures!

Le Poète aujourd'hui, quand il veut concevoir
Ces natives grandeurs, aux lieux où se font voir
La nudité de l'homme et celle de la femme,
Sent un froid ténébreux envelopper son âme
Devant ce noir tableau plein d'épouvantement.
O monstruosités pleurant leur vêtement!
O ridicules troncs! torses dignes des masques!
O pauvres corps tordus, maigres, ventrus ou flasques,
Que le dieu de l'Utile, implacable et serein,
Enfants, emmaillota dans ses langes d'airain!
Et vous, femmes, hélas! pâles comme des cierges,
Que ronge et que nourrit la débauche, et vous, vierges.
Du vice maternel traînant l'hérédité
Et toutes les hideurs de la fécondité!

Nous avons, il est vrai, nations corrompues,
Aux peuples anciens des beautés inconnues:
Des visages rongés par les chancres du cœur,
Et comme qui dirait des beautés de langueur;
Mais ces inventions de nos muses tardives
N'empêcheront jamais les races maladives
De rendre à la jeunesse un hommage profond,
– A la sainte jeunesse, à l'air simple, au doux front,
A l'œil limpide et clair ainsi qu'une eau courante,
Et qui va répandant sur tout, insouciante
Comme l'azur du ciel, les oiseaux et les fleurs,
Ses parfums, ses chansons et ses douces chaleurs!

6 &--- LES PHARES

Rubens, fleuve d'oubli, jardin de la paresse,
Oreiller de chair fraîche où l'on ne peut aimer,
Mais où la vie afflue et s'agite sans cesse,
Comme l'air dans le ciel et la mer dans la mer;

Léonard de Vinci, miroir profond et sombre,
Où des anges charmants, avec un doux souris
Tout chargé de mystère, apparaissent à l'ombre
Des glaciers et des pins qui ferment leur pays ;

Rembrandt, triste hôpital tout rempli de murmures,
Et d'un grand crucifix décoré seulement,
Où la prière en pleurs s'exhale des ordures,
Et d'un rayon d'hiver traversé brusquement ;

Michel-Ange, lieu vague où l'on voit des Hercules
Se mêler à des Christs, et se lever tout droits
Des fantômes puissants qui dans les crépuscules
Déchirent leur suaire en étirant leurs doigts ;

Colères de boxeur, impudences de faune,
Toi qui sus ramasser la beauté des goujats,
Grand cœur gonflé d'orgueil, homme débile et jaune,
Puget, mélancolique empereur des forçats ;

Watteau, ce carnaval où bien des cœurs illustres,
Comme des papillons, errent en flamboyant,
Décors frais et légers éclairés par des lustres
Qui versent la folie à ce bal tournoyant ;

Goya, cauchemar plein de choses inconnues,
De fœtus qu'on fait cuire au milieu des sabbats,
De vieilles au miroir et d'enfants toutes nues,
Pour tenter les démons ajustant bien leurs bas ;

Delacroix, lac de sang hanté des mauvais anges,
Ombragé par un bois de sapins toujours vert,
Où, sous un ciel chagrin, des fanfares étranges
Passent, comme un soupir étouffé de Weber ;

Ces malédictions, ces blasphèmes, ces plaintes,
Ces extases, ces cris, ces pleurs, ces *Te Deum*,

Sont un écho redit par mille labyrinthes;
C'est pour les cœurs mortels un divin opium!

C'est un cri répété par mille sentinelles,
Un ordre renvoyé par mille porte-voix;
C'est un phare allumé sur mille citadelles,
Un appel de chasseurs perdus dans les grands bois!

Car c'est vraiment, Seigneur, le meilleur témoignage
Que nous puissions donner de notre dignité
Que cet ardent sanglot qui roule d'âge en âge
Et vient mourir au bord de votre éternité!

7 🎜⋯ LA MUSE MALADE

Ma pauvre muse, hélas! qu'as-tu donc ce matin?
Tes yeux creux sont peuplés de visions nocturnes,
Et je vois tour à tour réfléchies sur ton teint
La folie et l'horreur, froides et taciturnes.

Le succube verdâtre et le rose lutin
T'ont-ils versé la peur et l'amour de leurs urnes?
Le cauchemar, d'un poing despotique et mutin,
T'a-t-il noyée au fond d'un fabuleux Minturnes?

Je voudrais qu'exhalant l'odeur de la santé
Ton sein de pensers forts fût toujours fréquenté,
Et que ton sang chrétien coulât à flots rhythmiques

Comme les sons nombreux des syllabes antiques,
Où règnent tour à tour le père des chansons,
Phœbus, et le grand Pan, le seigneur des moissons.

8 🎜⋯ LA MUSE VENALE

O muse de mon cœur, amante des palais,
Auras-tu, quand Janvier lâchera ses Borées,

196

Durant les noirs ennuis des neigeuses soirées,
Un tison pour chauffer tes deux pieds violets?

Ranimeras-tu donc tes épaules marbrées
Aux nocturnes rayons qui percent les volets?
Sentant ta bourse à sec autant que ton palais,
Récolteras-tu l'or des voûtes azurées?

Il te faut, pour gagner ton pain de chaque soir,
Comme un enfant de chœur, jouer de l'encensoir,
Chanter des *Te Deum* auxquels tu ne crois guère,

Ou, saltimbanque à jeun, étaler tes appas
Et ton rire trempé de pleurs qu'on ne voit pas,
Pour faire épanouir la rate du vulgaire.

9 ✮••— LE MAUVAIS MOINE

Les cloîtres anciens sur leurs grandes murailles
Etalaient en tableaux la sainte Vérité,
Dont l'effet, réchauffant les pieuses entrailles,
Tempérait la froideur de leur austérité.

En ces temps où du Christ florissaient les semailles,
Plus d'un illustre moine, aujourd'hui peu cité,
Prenant pour atelier le champ des funérailles,
Glorifiait la Mort avec simplicité.

– Mon âme est un tombeau que, mauvais cénobite,
Depuis l'éternité je parcours et j'habite;
Rien n'embellit les murs de ce cloître odieux.

O moine fainéant! quand saurai-je donc faire
Du spectacle vivant de ma triste misère
Le travail de mes mains et l'amour de mes yeux?

10 }**·-- L'ENNEMI

Ma jeunesse ne fut qu'un ténébreux orage,
Traversé çà et là par de brillants soleils;
Le tonnerre et la pluie ont fait un tel ravage,
Qu'il reste en mon jardin bien peu de fruits vermeils.

Voilà que j'ai touché l'automne des idées,
Et qu'il faut employer la pelle et les râteaux
Pour rassembler à neuf les terres inondées,
Où l'eau creuse des trous grands comme des tombeaux.

Et qui sait si les fleurs nouvelles que je rêve
Trouveront dans ce sol lavé comme une grève
Le mystique aliment qui ferait leur vigueur?

– O douleur! ô douleur! Le Temps mange la vie,
Et l'obscur Ennemi qui nous ronge le cœur
Du sang que nous perdons croît et se fortifie!

11 }**·-- LE GUIGNON

Pour soulever un poids si lourd,
Sisyphe, il faudrait ton courage!
Bien qu'on ait du cœur à l'ouvrage,
L'Art est long et le Temps est court.

Loin des sépultures célèbres,
Vers un cimetière isolé,
Mon cœur, comme un tambour voilé,
Va battant des marches funèbres.

– Maint joyau dort enseveli
Dans les ténèbres et l'oubli,
Bien loin des pioches et des sondes;

Mainte fleur épanche à regret
Son parfum doux comme un secret
Dans les solitudes profondes.

12 🎕─ LA VIE ANTERIEURE

J'ai longtemps habité sous de vastes portiques
Que les soleils marins teignaient de mille feux,
Et que leurs grands piliers, droits et majestueux,
Rendaient pareils, le soir, aux grottes basaltiques.

Les houles, en roulant les images des cieux,
Mêlaient d'une façon solennelle et mystique
Les tout-puissants accords de leur riche musique
Aux couleurs du couchant reflété par mes yeux.

C'est là que j'ai vécu dans les voluptés calmes,
Au milieu de l'azur, des vagues, des splendeurs
Et des esclaves nus, tout imprégnés d'odeurs,

Qui me refraîchissaient le front avec des palmes,
Et dont l'unique soin était d'approfondir
Le secret douloureux qui me faisait languir.

13 🎕─ BOHEMIENS EN VOYAGE

La tribu prophétique aux prunelles ardentes
Hier s'est mise en route, emportant ses petits
Sur son dos, ou livrant à leurs fiers appétits
Le trésor toujours prêt des mamelles pendantes.

Les hommes vont à pied sous leurs armes luisantes
Le long des chariots où les leurs sont blottis,
Promenant sur le ciel des yeux appesantis
Par le morne regret des chimères absentes.

Du fond de son réduit sablonneux, le grillon,
Les regardant passer, redouble sa chanson;
Cybèle, qui les aime, augmente ses verdures,

Fait couler le rocher et fleurir le désert
Devant ces voyageurs, pour lesquels est ouvert
L'empire familier des ténèbres futures.

14 &--- L'HOMME ET LA MER

Homme libre, toujours tu chériras la mer!
La mer est ton miroir; tu contemples ton âme
Dans le déroulement infini de sa lame,
Et ton esprit n'est pas un gouffre moins amer.

Tu te plais à plonger au sein de ton image;
Tu l'embrasses des yeux et des bras, et ton cœur
Se distrait quelquefois de sa propre rumeur
Au bruit de cette plainte indomptable et sauvage.

Vous êtes tous les deux ténébreux et discrets:
Homme, nul n'a sondé le fond de tes abîmes,
O mer, nul ne connaît tes richesses intimes,
Tant vous êtes jaloux de garder vos secrets!

Et cependant voilà des siècles innombrables
Que vous vous combattez sans pitié ni remord,
Tellement vous aimez le carnage et la mort,
O lutteurs éternels, ô frères implacables!

15 &--- DON JUAN AUX ENFERS

Quand don Juan descendit vers l'onde souterraine
Et lorsqu'il eut donné son obole à Charon,
Un sombre mendiant, l'œil fier comme Antisthène,
D'un bras vengeur et fort saisit chaque aviron.

Montrant leurs seins pendants et leurs robes ouvertes,
Des femmes se tordaient sous le noir firmament,
Et, comme un grand troupeau de victimes offertes,
Derrière lui traînaient un long mugissement.

Sganarelle en riant lui réclamait ses gages,
Tandis que Don Luis avec un doigt tremblant
Montrait à tous les morts errant sur les rivages
Le fils audacieux qui railla son front blanc.

Frissonnant sous son deuil, la chaste et maigre Elvire,
Près de l'époux perfide et qui fut son amant,
Semblait lui réclamer un suprême sourire
Où brillât la douceur de son premier serment.

Tout droit dans son armure, un grand homme de pierre
Se tenait à la barre et coupait le flot noir;
Mais le calme héros, courbé sur sa rapière,
Regardait le sillage et ne daignait rien voir.

16   Chatiment de l'orgueil

En ces temps merveilleux où la Théologie
Fleurit avec le plus de sève et d'énergie,
On raconte qu'un jour un docteur des plus grands,
– Après avoir forcé les cœurs indifférents;
Les avoir remués dans leurs profondeurs noires;
Après avoir franchi vers les célestes gloires
Des chemins singuliers à lui-même inconnus,
Où les purs Esprits seuls peut-être étaient venus, –
Comme un homme monté trop haut, pris de panique,
S'écria, transporté d'un orgueil satanique:
'Jésus, petit Jésus! Je t'ai poussé bien haut!
Mais, si j'avais voulu t'attaquer au défaut
De l'armure, ta honte égalerait ta gloire,
Et tu ne serais plus qu'un fœtus dérisoire!'

Immédiatement sa raison s'en alla.
L'éclat de ce soleil d'un crêpe se voila;
Tout le chaos roula dans cette intelligence,
Temple autrefois vivant, plein d'ordre et d'opulence,
Sous les plafonds duquel tant de pompe avait lui.
Le silence et la nuit s'installèrent en lui,
Comme dans un caveau dont la clef est perdue.
Dès lors il fut semblable aux bêtes de la rue,
Et, quand il s'en allait sans rien voir, à travers
Les champs, sans distinguer les étés des hivers,
Sale, inutile et laid comme une chose usée,
Il faisait des enfants la joie et la risée.

17 ⊱— LA BEAUTE

Je suis belle, ô mortels! comme un rêve de pierre,
Et mon sein, où chacun s'est meurtri tour à tour,
Est fait pour inspirer au poète un amour
Eternel et muet ainsi que la matière.

Je trône dans l'azur comme un sphinx incompris;
J'unis un cœur de neige à la blancheur des cygnes;
Je hais le mouvement qui déplace les lignes,
Et jamais je ne pleure et jamais je ne ris.

Les poètes, devant mes grandes attitudes,
Que j'ai l'air d'emprunter aux plus fiers monuments,
Consumeront leurs jours en d'austères études;

Car j'ai, pour fasciner ces dociles amants,
De purs miroirs qui font toutes choses plus belles:
Mes yeux, mes larges yeux aux clartés éternelles!

18 }⸱--- L'IDEAL

Ce ne seront jamais ces beautés de vignettes,
Produits avariés, nés d'un siècle vaurien,
Ces pieds à brodequins, ces doigts à castagnettes,
Qui sauront satisfaire un cœur comme le mien.

Je laisse à Gavarni, poète des chloroses,
Son troupeau gazouillant de beautés d'hôpital,
Car je ne puis trouver parmi ces pâles roses
Une fleur qui ressemble à mon rouge idéal.

Ce qu'il faut à ce cœur profond comme un abîme,
C'est vous, Lady Macbeth, âme puissante au crime,
Rêve d'Eschyle éclos au climat des autans;

Ou bien toi, grande Nuit, fille de Michel-Ange,
Qui tors paisiblement dans une pose étrange
Tes appas façonnés aux bouches des Titans!

19 }⸱--- LA GEANTE

Du temps que la Nature en sa verve puissante
Concevait chaque jour des enfants monstrueux,
J'eusse aimé vivre auprès d'une jeune géante,
Comme aux pieds d'une reine un chat voluptueux.

J'eusse aimé voir son corps fleurir avec son âme
Et grandir librement dans ses terribles jeux;
Deviner si son cœur couve une sombre flamme
Aux humides brouillards qui nagent dans ses yeux;

Parcourir à loisir ses magnifiques formes;
Ramper sur le versant de ses genoux énormes,
Et parfois en été, quand les soleils malsains,

Lasse, la font s'étendre à travers la campagne,
Dormir nonchalamment à l'ombre de ses seins,
Comme un hameau paisible au pied d'une montagne.

20 — LES BIJOUX

La très-chère était nue, et, connaissant mon cœur,
Elle n'avait gardé que ses bijoux sonores,
Dont le riche attirail lui donnait l'air vainqueur
Qu'ont dans leurs jours heureux les esclaves des Mores.

Quand il jette en dansant son bruit vif et moqueur,
Ce monde rayonnant de métal et de pierre
Me ravit en extase, et j'aime à la fureur
Les choses où le son se mêle à la lumière.

Elle était donc couchée et se laissait aimer,
Et du haut du divan elle souriait d'aise
A mon amour profond et doux comme la mer,
Qui vers elle montait comme vers sa falaise.

Les yeux fixés sur moi, comme un tigre dompté,
D'un air vague et rêveur elle essayait des poses,
Et la candeur unie à la lubricité
Donnait un charme neuf à ses métamorphoses;

Et son bras et sa jambe, et sa cuisse et ses reins,
Polis comme de l'huile, onduleux comme un cygne,
Passaient devant mes yeux clairvoyants et sereins;
Et son ventre et ses seins, ces grappes de ma vigne,

S'avançaient, plus câlins que les Anges du mal,
Pour troubler le repos où mon âme était mise,
Et pour la déranger du rocher de cristal
Où, calme et solitaire, elle s'était assise.

Je croyais voir unis par un nouveau dessin
Les hanches de l'Antiope au buste d'un imberbe,
Tant sa taille faisait ressortir son bassin.
Sur ce teint fauve et brun le fard était superbe!

— Et la lampe s'étant résignée à mourir,
Comme le foyer seul illuminait la chambre,
Chaque fois qu'il poussait un flamboyant soupir,
Il inondait de sang cette peau couleur d'ambre!

21 *--- LE MASQUE

STATUE ALLEGORIQUE DANS
LE GOUT DE LA RENAISSANCE

A Ernest Christophe, statuaire

Contemplons ce trésor de grâces florentines;
Dans l'ondulation de ce corps musculeux
L'Elégance et la Force abondent, sœurs divines.
Cette femme, morceau vraiment miraculeux,
Divinement robuste, adorablement mince,
Est faite pour trôner sur des lits somptueux,
Et charmer les loisirs d'un pontife ou d'un prince.

— Aussi, vois ce souris fin et voluptueux
Où la Fatuité promène son extase;
Ce long regard sournois, langoureux et moqueur;
Ce visage mignard, tout encadré de gaze,
Dont chaque trait nous dit avec un air vainqueur:
'La Volupté m'appelle et l'Amour me couronne!'
A cet être doué de tant de majesté
Vois quel charme excitant la gentillesse donne!
Approchons, et tournons autour de sa beauté.

O blasphème de l'art! ô surprise fatale!
La femme au corps divin, promettant le bonheur,
Par le haut se termine en monstre bicéphale!

– Mais non! ce n'est qu'un masque, un décor suborneur,
Ce visage éclairé d'une exquise grimace,
Et, regarde, voici, crispée atrocement,
La véritable tête, et la sincère face
Renversée à l'abri de la face qui ment.
Pauvre grande beauté! le magnifique fleuve
De tes pleurs aboutit dans mon cœur soucieux;
Ton mensonge m'enivre, et mon âme s'abreuve
Aux flots que la Douleur fait jaillir de tes yeux!

– Mais pourquoi pleure-t-elle? Elle, beauté parfaite
Qui mettrait à ses pieds le genre humain vaincu,
Quel mal mystérieux ronge son flanc d'athlète?

– Elle pleure, insensé, parce qu'elle a vécu!
Et parce qu'elle vit! Mais ce qu'elle déplore
Surtout, ce qui la fait frémir jusqu'aux genoux,
C'est que demain, hélas! il faudra vivre encore!
Demain, après-demain et toujours! – comme nous!

22 &·— HYMNE A LA BEAUTE

Viens-tu du ciel profond ou sors-tu de l'abîme,
O Beauté? ton regard, infernal et divin,
Verse confusément le bienfait et le crime,
Et l'on peut pour cela te comparer au vin.

Tu contiens dans ton œil le couchant et l'aurore;
Tu répands des parfums comme un soir orageux;
Tes baisers sont un philtre et ta bouche une amphore
Qui font le héros lâche et l'enfant courageux.

Sors-tu du gouffre noir ou descends-tu des astres?
Le Destin charmé suit tes jupons comme un chien;
Tu sèmes au hasard la joie et les désastres,
Et tu gouvernes tout et ne réponds de rien.

Tu marches sur des morts, Beauté, dont tu te moques;
De tes bijoux l'Horreur n'est pas le moins charmant,
Et le Meurtre, parmi tes plus chères breloques,
Sur ton ventre orgueilleux danse amoureusement.

L'éphémère ébloui vole vers toi, chandelle,
Crépite, flambe et dit: Bénissons ce flambeau!
L'amoureux pantelant incliné sur sa belle
A l'air d'un moribond caressant son tombeau.

Que tu viennes du ciel ou de l'enfer, qu'importe,
O Beauté! monstre énorme, effrayant, ingénu!
Si ton œil, ton souris, ton pied, m'ouvrent la porte
D'un Infini que j'aime et n'ai jamais connu?

De Satan ou de Dieu, qu'importe? Ange ou Sirène,
Qu'importe, si tu rends, – fée aux yeux de velours,
Rythme, parfum, lueur, ô mon unique reine! –
L'univers moins hideux et les instants moins lourds?

23 ├•–– PARFUM EXOTIQUE

Quand, les deux yeux fermés, en un soir chaud d'au-
Je respire l'odeur de ton sein chaleureux,   [tomne,
Je vois se dérouler des rivages heureux
Qu'éblouissent les feux d'un soleil monotone;

Une île paresseuse où la nature donne
Des arbres singuliers et des fruits savoureux;
Des hommes dont le corps est mince et vigoureux,
Et des femmes dont l'œil par sa franchise étonne.

Guidé par ton odeur vers de charmants climats,
Je vois un port rempli de voiles et de mâts
Encor tout fatigués par la vague marine,

Pendant que le parfum des verts tamariniers,
Qui circule dans l'air et m'enfle la narine,
Se mêle dans mon âme au chant des mariniers.

24 ₿•-- LA CHEVELURE

O toison, moutonnant jusque sur l'encolure!
O boucles! O parfum chargé de nonchaloir!
Extase! Pour peupler ce soir l'alcôve obscure
Des souvenirs dormant dans cette chevelure,
Je la veux agiter dans l'air comme un mouchoir!

La langoureuse Asie et la brûlante Afrique,
Tout un monde lointain, absent, presque défunt,
Vit dans tes profondeurs, forêt aromatique!
Comme d'autres esprits voguent sur la musique,
Le mien, ô mon amour! nage sur ton parfum.

J'irai là-bas où l'arbre et l'homme, pleins de sève,
Se pâment longuement sous l'ardeur des climats;
Fortes tresses, soyez la houle qui m'enlève!
Tu contiens, mer d'ébène, un éblouissant rêve
De voiles, de rameurs, de flammes et de mâts:

Un port retentissant où mon âme peut boire
A grands flots le parfum, le son et la couleur;
Où les vaisseaux, glissant dans l'or et dans la moire,
Ouvrent leurs vastes bras pour embrasser la gloire
D'un ciel pur où frémit l'éternelle chaleur.

Je plongerai ma tête amoureuse d'ivresse
Dans ce noir océan où l'autre est enfermé;
Et mon esprit subtil que le roulis caresse
Saura vous retrouver, ô féconde paresse!
Infinis bercements du loisir embaumé!

Cheveux bleus, pavillon de ténèbres tendues,
Vous me rendez l'azur du ciel immense et rond;
Sur les bords duvetés de vos mèches tordues
Je m'enivre ardemment des senteurs confondues
De l'huile de coco, du musc et du goudron.

Longtemps! toujours! ma main dans ta crinière lourde
Sèmera le rubis, la perle et le saphir,
Afin qu'à mon désir tu ne sois jamais sourde!
N'es-tu pas l'oasis où je rêve, et la gourde
Où je hume à longs traits le vin du souvenir?

25)ᵇ— Je t'adore à l'égal de la voûte nocturne,
O vase de tristesse, ô grande taciturne,
Et t'aime d'autant plus, belle, que tu me fuis,
Et que tu me parais, ornement de mes nuits,
Plus ironiquement accumuler les lieues
Qui séparent mes bras des immensités bleues.

Je m'avance à l'attaque, et je grimpe aux assauts,
Comme après un cadavre un chœur de vermisseaux,
Et je chéris, ô bête implacable et cruelle!
Jusqu'à cette froideur par où tu m'es plus belle!

26)ᵇ— Tu mettrais l'univers entier dans ta ruelle,
Femme impure! L'ennui rend ton âme cruelle.
Pour exercer tes dents à ce jeu singulier,
Il te faut chaque jour un cœur au râtelier.
Tes yeux, illuminés ainsi que des boutiques
Et des ifs flamboyants dans les fêtes publiques,
Usent insolemment d'un pouvoir emprunté,
Sans connaître jamais la loi de leur beauté.

Machine aveugle et sourde, en cruautés féconde!
Salutaire instrument, buveur du sang du monde,

Comment n'as-tu pas honte et comment n'as-tu pas
Devant tous les miroirs vu pâlir tes appas?
La grandeur de ce mal où tu te crois savante
Ne t'a donc jamais fait reculer d'épouvante,
Quand la nature, grande en ses desseins cachés,
De toi se sert, ô femme, ô reine des péchés,
— De toi, vil animal, — pour pétrir un génie?

O fangeuse grandeur! sublime ignominie!

27 &—– SED NON SATIATA

Bizarre déité, brune comme les nuits,
Au parfum mélangé de musc et de havane,
Œuvre de quelque obi, le Faust de la savane,
Sorcière au flanc d'ébène, enfant des noirs minuits,

Je préfère au constance, à l'opium, aux nuits,
L'élixir de ta bouche où l'amour se pavane;
Quand vers toi mes désirs partent en caravane,
Tes yeux sont la citerne où boivent mes ennuis.

Par ces deux grands yeux noirs, soupiraux de ton âme,
O démon sans pitié! verse-moi moins de flamme;
Je ne suis pas le Styx pour t'embrasser neuf fois,

Hélas! et je ne puis, Mégère libertine,
Pour briser ton courage et te mettre aux abois,
Dans l'enfer de ton lit devenir Proserpine!

28 &—– Avec ses vêtements ondoyants et nacrés,
Même quand elle marche on croirait qu'elle danse,
Comme ces longs serpents que les jongleurs sacrés
Au bout de leurs bâtons agitent en cadence.

Comme le sable morne et l'azur des déserts,
Insensibles tous deux à l'humaine souffrance,
Comme les longs réseaux de la houle des mers,
Elle se développe avec indifférence.

Ses yeux polis sont faits de minéraux charmants,
Et dans cette nature étrange et symbolique
Où l'ange inviolé se mêle au sphinx antique,

Où tout n'est qu'or, acier, lumière et diamants,
Resplendit à jamais, comme un astre inutile,
La froide majesté de la femme stérile.

29 &--- LE SERPENT QUI DANSE

Que j'aime voir, chère indolente,
    De ton corps si beau,
Comme une étoffe vacillante,
    Miroiter la peau!

Sur ta chevelure profonde
    Aux âcres parfums,
Mer odorante et vagabonde
    Aux flots bleus et bruns,

Comme un navire qui s'éveille
    Au vent du matin,
Mon âme rêveuse appareille
    Pour un ciel lointain.

Tes yeux, où rien ne se révèle
    De doux ni d'amer,
Sont deux bijoux froids où se mêle
    L'or avec le fer.

A te voir marcher en cadence,
    Belle d'abandon,

On dirait un serpent qui danse
Au bout d'un bâton.

Sous le fardeau de ta paresse
Ta tête d'enfant
Se balance avec la mollesse
D'un jeune éléphant,

Et ton corps se penche et s'allonge
Comme un fin vaisseau
Qui roule bord sur bord et plonge
Ses vergues dans l'eau.

Comme un flot grossi par la fonte
Des glaciers grondants,
Quand l'eau de ta bouche remonte
Au bord de tes dents,

Je crois boire un vin de Bohême,
Amer et vainqueur,
Un ciel liquide qui parsème
D'étoiles mon cœur!

30 — UNE CHAROGNE

Rappelez-vous l'objet que nous vîmes, mon âme,
Ce beau matin d'été si doux:
Au détour d'un sentier une charogne infâme
Sur un lit semé de cailloux,

Les jambes en l'air, comme une femme lubrique,
Brûlante et suant les poisons,
Ouvrait d'une façon nonchalante et cynique
Son ventre plein d'exhalaisons.

Le soleil rayonnait sur cette pourriture,
Comme afin de la cuire à point,

Et de rendre au centuple à la grande Nature
　　Tout ce qu'ensemble elle avait joint;

Et le ciel regardait la carcasse superbe
　　Comme une fleur s'épanouir.
La puanteur était si forte, que sur l'herbe
　　Vous crûtes vous évanouir.

Les mouches bourdonnaient sur ce ventre putride,
　　D'où sortaient de noirs bataillons
De larves, qui coulaient comme un épais liquide
　　Le long de ces vivants haillons.

Tout cela descendait, montait comme une vague,
　　Ou s'élançait en pétillant;
On eût dit que le corps, enflé d'un souffle vague,
　　Vivait en se multipliant.

Et ce monde rendait une étrange musique,
　　Comme l'eau courante et le vent,
Ou le grain qu'un vanneur d'un mouvement rythmique
　　Agite et tourne dans son van.

Les formes s'effaçaient et n'étaient plus qu'un rêve,
　　Une ébauche lente à venir,
Sur la toile oubliée, et que l'artiste achève
　　Seulement par le souvenir.

Derrière les rochers une chienne inquiète
　　Nous regardait d'un œil fâché,
Epiant le moment de reprendre au squelette
　　Le morceau qu'elle avait lâché.

— Et pourtant vous serez semblable à cette ordure,
　　A cette horrible infection,
Etoile de mes yeux, soleil de ma nature,
　　Vous, mon ange et ma passion!

Oui! telle que vous serez, ô la reine des grâces,
    Après les derniers sacrements,
Quand vous irez, sous l'herbe et les floraisons grasses,
    Moisir parmi les ossements.

Alors, ô ma beauté! dites à la vermine
    Qui vous mangera de baisers,
Qui j'ai gardé la forme et l'essence divine
    De mes amours décomposés!

31   DE PROFUNDIS CLAMAVI

J'implore ta pitié, Toi, l'unique que j'aime,
Du fond du gouffre obscur où mon cœur est tombé.
C'est un univers morne à l'horizon plombé,
Où nagent dans la nuit l'horreur et le blasphème;

Un soleil sans chaleur plane au-dessus six mois,
Et les six autres mois la nuit couvre la terre;
C'est un pays plus nu que la terre polaire;
– Ni bêtes, ni ruisseaux, ni verdure, ni bois!

Or il n'est pas d'horreur au monde qui surpasse
La froide cruauté de ce soleil de glace
Et cette immense nuit semblable au vieux Chaos;

Je jalouse le sort des plus vils animaux
Qui peuvent se plonger dans un sommeil stupide,
Tant l'écheveau du temps lentement se dévide!

32   LE VAMPIRE

Toi qui, comme un coup de couteau,
Dans mon cœur plaintif es entrée;
Toi qui, forte comme un troupeau
De démons, vins, folle et parée,

De mon esprit humilié
Faire ton lit et ton domaine;
– Infâme à qui je suis lié
Comme le forçat à la chaîne,

Comme au jeu le joueur têtu,
Comme à la bouteille l'ivrogne,
Comme aux vermines la charogne,
– Maudite, maudite sois-tu!

J'ai prié le glaive rapide
De conquérir ma liberté,
Et j'ai dit au poison perfide
De secourir ma lâcheté.

Hélas! le poison et le glaive
M'ont pris en dédain et m'ont dit:
'Tu n'es pas digne qu'on t'enlève
A ton esclavage maudit,

Imbécile! – de son empire
Si nos efforts te délivraient,
Tes baisers ressusciteraient
Le cadavre de ton vampire!'

33 ❧— LE LETHE

Viens sur mon cœur, âme cruelle et sourde,
Tigre adoré, monstre aux airs indolents;
Je veux longtemps plonger mes doigts tremblants
Dans l'épaisseur de ta crinière lourde;

Dans tes jupons remplis de ton parfum
Ensevelir ma tête endolorie,
Et respirer, comme une fleur flétrie,
Le doux relent de mon amour défunt.

Je veux dormir! dormir plutôt que vivre!
Dans un sommeil aussi doux que la mort,
J'étalerai mes baisers sans remord
Sur ton beau corps poli comme le cuivre.

Pour engloutir mes sanglots apaisés
Rien ne me vaut l'abîme de ta couche;
L'oubli puissant habite sur ta bouche,
Et le Léthé coule dans tes baisers.

A mon destin, désormais mon délice,
J'obéirai comme un prédestiné;
Martyr docile, innocent condamné,
Dont la ferveur attise le supplice,

Je sucerai, pour noyer ma rancœur,
Le népenthès et la bonne ciguë
Aux bouts charmants de cette gorge aiguë
Qui n'a jamais emprisonné de cœur.

34 — Une nuit que j'étais près d'une affreuse Juive,
Comme au long d'un cadavre un cadavre étendu,
Je me pris à songer près de ce corps vendu
A la triste beauté dont mon désir se prive.

Je me représentai sa majesté native,
Son regard de vigueur et de grâces armé,
Ses cheveux qui lui font un casque parfumé,
Et dont le souvenir pour l'amour me ravive.

Car j'eusse avec ferveur baisé ton noble corps,
Et depuis tes pieds frais jusqu'à tes noires tresses
Déroulé le trésor des profondes caresses,

Si, quelque soir, d'un pleur obtenu sans effort
Tu pouvais seulement, ô reine des cruelles!
Obscurcir la splendeur de tes froides prunelles.

35 ⚜ R E M O R D S   P O S T H U M E

Lorsque tu dormiras, ma belle ténébreuse,
Au fond d'un monument construit en marbre noir,
Et lorsque tu n'auras pour alcôve et manoir
Qu'un caveau pluvieux et qu'une fosse creuse;

Quand la pierre, opprimant ta poitrine peureuse
Et tes flancs qu'assouplit un charmant nonchaloir,
Empêchera ton cœur de battre et de vouloir,
Et tes pieds de courir leur course aventureuse,

Le tombeau, confident de mon rêve infini
(Car le tombeau toujours comprendra le poète),
Durant ces grandes nuits d'où le somme est banni,

Te dira: 'Que vous sert, courtisane imparfaite,
De n'avoir pas connu ce que pleurent les morts?'
— Et le ver rongera ta peau comme un remords.

36 ⚜ L E   C H A T

Viens, mon beau chat, sur mon cœur amoureux;
    Retiens les griffes de ta patte,
Et laisse-moi plonger dans tes beaux yeux,
    Mêlés de métal et d'agate.

Lorsque mes doigts caressent à loisir
    Ta tête et ton dos élastique,
Et que ma main s'enivre du plaisir
    De palper ton corps électrique,

Je vois ma femme en esprit. Son regard,
    Comme le tien, aimable bête,
Profond et froid, coupe et fend comme un dard,

Et, des pieds jusques à la tête,
Un air subtil, un dangereux parfum
Nagent autour de son corps brun.

37 ⚜–– DUELLUM

Deux guerriers ont couru l'un sur l'autre; leurs armes
Ont éclaboussé l'air de lueurs et de sang.
Ces jeux, ces cliquetis du fer sont les vacarmes
D'une jeunesse en proie à l'amour vagissant.

Les glaives sont brisés! comme notre jeunesse,
Ma chère! Mais les dents, les ongles acérés,
Vengent bientôt l'épée et la dague traîtresse.
– O fureur des cœurs mûrs par l'amour ulcérés!

Dans le ravin hanté des chats-pards et des onces
Nos héros, s'étreignant méchamment, ont roulé,
Et leur peau fleurira l'aridité des ronces.

– Ce gouffre, c'est l'enfer, de nos amis peuplé!
Roulons-y sans remords, amazone inhumaine,
Afin d'éterniser l'ardeur de notre haine!

38 ⚜–– LE BALCON

Mère des souvenirs, maîtresse des maîtresses,
O toi, tous mes plaisirs! ô toi, tous mes devoirs!
Tu te rappelleras la beauté des caresses,
La douceur du foyer et le charme des soirs,
Mère des souvenirs, maîtresse des maîtresses!

Les soirs illuminés par l'ardeur du charbon,
Et les soirs au balcon, voilés de vapeurs roses,

Que ton sein m'était doux! que ton cœur m'était bon!
Nous avons dit souvent d'impérissables choses
Les soirs illuminés par l'ardeur du charbon.

Que les soleils sont beaux dans les chaudes soirées!
Que l'espace est profond! Que le cœur est puissant!
En me penchant vers toi, reine des adorées,
Je croyais respirer le parfum de ton sang.
Que les soleils sont beaux dans les chaudes soirées!

La nuit s'épaississait ainsi qu'une cloison,
Et mes yeux dans le noir devinaient tes prunelles,
Et je buvais ton souffle, ô douceur! ô poison!
Et tes pieds s'endormaient dans mes mains fraternelles.
La nuit s'épaississait ainsi qu'une cloison.

Je sais l'art d'évoquer les minutes heureuses,
Et revis mon passé blotti dans tes genoux.
Car à quoi bon chercher tes beautés langoureuses
Ailleurs qu'en ton cher corps et qu'en ton cœur si doux?
Je sais l'art d'évoquer les minutes heureuses!

Ces serments, ces parfums, ces baisers infinis,
Renaîtront-ils d'un gouffre interdit à nos sondes,
Comme montent au ciel les soleils rajeunis
Après s'être lavés au fond des mers profondes?
– O serments! ô parfums! ô baisers infinis!

39   LE POSSEDE

Le soleil s'est couvert d'un crêpe. Comme lui,
O Lune de ma vie! emmitoufle-toi d'ombre;
Dors ou fume à ton gré; sois muette, sois sombre,
Et plonge tout entière au gouffre de l'Ennui;

Je t'aime ainsi! Pourtant, si tu veux aujourd'hui,
Comme un astre éclipsé qui sort de la pénombre,
Te pavaner aux lieux que la Folie encombre,
C'est bien! Charmant poignard, jaillis de ton étui!

Allume ta prunelle à la flamme des lustres!
Allume le désir dans les regards des rustres!
Tout de toi m'est plaisir, morbide ou pétulant;

Sois ce que tu voudras, nuit noire, rouge aurore;
Il n'est pas une fibre en tout mon corps tremblant
Qui ne crie: *O mon cher Belzébuth, je t'adore!*

40 —— UN FANTOME

I

LES TENEBRES

Dans les caveaux d'insondable tristesse
Où le Destin m'a déjà relégué;
Où jamais n'entre un rayon rose et gai;
Où, seul avec la Nuit, maussade, hôtesse,

Je suis comme un peintre qu'un Dieu moqueur
Condamne à peindre, hélas! sur les ténèbres;
Où, cuisinier aux appétits funèbres,
Je fais bouillir et je mange mon cœur,

Par instants brille, et s'allonge et s'étale
Un spectre fait de grâce et de splendeur.
A sa rêveuse allure orientale,

Quand il atteint sa totale grandeur,
Je reconnais ma belle visiteuse:
C'est Elle! noire et pourtant lumineuse.

2

LE PARFUM

Lecteur, as-tu quelquefois respiré
Avec ivresse et lente gourmandise
Ce grain d'encens qui remplit une église,
Ou d'un sachet le musc invétéré?

Charme profond, magique, dont nous grise
Dans le présent le passé restauré!
Ainsi l'amant sur un corps adoré
Du souvenir cueille la fleur exquise.

De ses cheveux élastiques et lourds,
Vivant sachet, encensoir de l'alcôve,
Une senteur montait, sauvage et fauve,

Et des habits, mousseline ou velours,
Tout imprégnés de sa jeunesse pure,
Se dégageait un parfum de fourrure.

3

LE CADRE

Comme un beau cadre ajoute à la peinture,
Bien qu'elle soit d'un pinceau très-vanté,
Je ne sais quoi d'étrange et d'enchanté
En l'isolant d l'immense nature,

Ainsi bijoux meubles, métaux, dorure,
S'adaptaient juste à sa rare beauté;
Rien n'offusquait sa parfaite clarté,
Et tout semblait lui servir de bordure.

Même on eût dit parfois qu'elle croyait
Que tout voulait l'aimer; elle noyait
Sa nudité voluptueusement

Dans les baisers du satin et du linge,
Et, lente ou brusque, à chaque mouvement
Montrait la grâce enfantine du singe.

4

LE PORTRAIT

La Maladie et la Mort font des cendres
De tout le feu qui pour nous flamboya.
De ces grands yeux si fervents et si tendres,
De cette bouche où mon cœur se noya,

De ces baisers puissants comme un dictame,
De ces transports plus vifs que des rayons,
Que reste-t-il? C'est affreux, ô mon âme!
Rien qu'un dessin fort pâle, aux trois crayons,

Qui, comme moi, meurt dans la solitude,
Et que le Temps, injurieux vieillard,
Chaque jour frotte avec son aile rude . . .

Noir assassin de la Vie et de l'Art,
Tu ne tueras jamais dans ma mémoire
Celle qui fut mon plaisir et ma gloire!

41 ⸙⸗ Je te donne ces vers afin que si mon nom
Aborde heureusement aux époques lointaines,
Et fait rêver un soir les cervelles humaines,
Vaisseau favorisé par un grand aquilon,

Ta mémoire, pareille aux fables incertaines,
Fatigue le lecteur ainsi qu'un tympanon,
Et par un fraternel et mystique chaînon
Reste comme pendue à mes rimes hautaines;

Etre maudit à qui, de l'abîme profond
Jusqu'au plus haut du ciel, rien, hors moi, ne répond!
— O toi qui, comme une ombre à la trace éphémère,

Foules d'un pied léger et d'un regard serein
Les stupides mortels qui t'ont jugée amère,
Statue aux yeux de jais, grand ange au front d'airain!

42 🎼— SEMPER EADEM

'D'où vous vient, disiez-vous, cette tristesse étrange,
Montant comme la mer sur le roc noir et nu?'
– Quand notre cœur a fait une fois sa vendange,
Vivre est un mal. C'est un secret de tous connu,

Une douleur très-simple et non mystérieuse,
Et, comme votre joie, éclatante pour tous.
Cessez donc de chercher, ô belle curieuse!
Et, bien que votre voix soit douce, taisez-vous!

Taisez-vous, ignorante! âme toujours ravie!
Bouche au rire enfantin! Plus encor que la Vie,
La Mort nous tient souvent par des liens subtils.

Laissez, laissez mon cœur s'enivrer d'un *mensonge*,
Plonger dans vos beaux yeux comme dans un beau songe,
Et sommeiller longtemps à l'ombre de vos cils!

43 🎼— TOUT ENTIERE

Le Démon, dans ma chambre haute,
Ce matin est venu me voir,
Et, tâchant à me prendre en faute,
Me dit: 'Je voudrais bien savoir,

Parmi toutes les belles choses
Dont est fait son enchantement,
Parmi les objets noirs ou roses
Qui composent son corps charmant,

223

Quel est le plus doux.' – O mon âme!
Tu répondis à l'Abhorré:
'Puisqu'en Elle tout est dictame,
Rien ne peut être préféré.

Lorsque tout me ravit, j'ignore
Si quelque chose me séduit.
Elle éblouit comme l'Aurore
Et console comme la Nuit;

Et l'harmonie est trop exquise,
Qui gouverne tout son beau corps,
Pour que l'impuissante analyse
En note les nombreux accords.

O métamorphose mystique
De tous mes sens fondus en un!
Son haleine fait la musique,
Comme sa voix fait le parfum!'

44   Que diras-tu ce soir, pauvre âme solitaire,
Que diras-tu, mon cœur, cœur autrefois flétri,
A la très-belle, à la très-bonne, à la très-chère,
Dont le regard divin t'a soudain refleuri?

– Nous mettrons notre orgueil à chanter ses louanges:
Rien ne vaut la douceur de son autorité;
Sa chair spirituelle a le parfum des Anges,
Et son œil nous revêt d'un habit de clarté.

Que ce soit dans la nuit et dans la solitude,
Que ce soit dans la rue et dans la multitude,
Son fantôme dans l'air danse comme un flambeau.

Parfois il parle et dit: 'Je suis belle, et j'ordonne
Que pour l'amour de moi vous n'aimiez que le Beau;
Je suis l'Ange gardien, la Muse et la Madone!'

45)%·-- L E F L A M B E A U V I V A N T

Ils marchent devant moi, ces Yeux pleins de lumières,
Qu'un Ange très-savant a sans doute aimantés;
Ils marchent, ces divins frères qui sont mes frères,
Secouant dans mes yeux leurs feux diamantés.

Me sauvant de tout piège et de tout péché grave,
Ils conduisent mes pas dans la route du Beau;
Ils sont mes serviteurs et je suis leur esclave;
Tout mon être obéit à ce vivant flambeau.

Charmants Yeux, vous brillez de la clarté mystique
Qu'ont les cierges brûlant en plein jour; le soleil
Rougit, mais n'éteint pas leur flamme fantastique;

Ils célèbrent la Mort, vous chantez le Réveil;
Vous marchez en chantant le réveil de mon âme,
Astres dont nul soleil ne peut flétrir la flamme!

46)%·-- A C E L L E Q U I E S T T R O P G A I E

Ta tête, ton geste, ton air
Sont beaux comme un beau paysage;
Le rire joue en ton visage
Comme un vent frais dans un ciel clair.

Le passant chagrin que tu frôles
Est ébloui par la santé
Qui jaillit comme une clarté
De tes bras et de tes épaules.

Les retentissantes couleurs
Dont tu parsèmes tes toilettes
Jettent dans l'esprit des poètes
L'image d'un ballet de fleurs.

Ces robes folles sont l'emblème
De ton esprit bariolé;
Folle dont je suis affolé,
Je te hais autant que je t'aime!

Quelquefois dans un beau jardin
Où je traînais mon atonie,
J'ai senti comme une ironie,
Le soleil déchirer mon sein;

Et le printemps et la verdure
Ont tant humilié mon cœur,
Que j'ai puni sur une fleur
L'insolence de la Nature.

Ainsi je voudrais, une nuit,
Quand l'heure des voluptés sonne,
Vers les trésors de ta personne,
Comme un lâche, ramper sans bruit,

Pour châtier ta chair joyeuse,
Pour meurtrir ton sein pardonné,
Et faire à ton flanc étonné
Une blessure large et creuse,

Et, vertigineuse douceur!
A travers ces lèvres nouvelles,
Plus éclatantes et plus belles,
T'infuser mon venin, ma sœur!

47 &— REVERSIBILITE

Ange plein de gaieté, connaissez-vous l'angoisse,
La honte, les remords, les sanglots, les ennuis,
Et les vagues terreurs de ces affreuses nuits
Qui compriment le cœur comme un papier qu'on froisse?
Ange plein de gaieté, connaissez-vous l'angoisse?

Ange plein de bonté, connaissez-vous la haine,
Les poings crispés dans l'ombre et les larmes de fiel,
Quand la Vengeance bat son infernal rappel,
Et de nos facultés se fait le capitaine?
Ange plein de bonté, connaissez-vous la haine?

Ange plein de santé, connaissez-vous les Fièvres,
Qui, le long des grands murs de l'hospice blafard,
Comme des exilés, s'en vont d'un pied traînard,
Cherchant le soleil rare et remuant les lèvres?
Ange plein de santé, connaissez-vous les Fièvres?

Ange plein de beauté, connaissez-vous les rides,
Et la peur de vieillir, et ce hideux tourment
De lire la secrète horreur du dévouement
Dans des yeux où longtemps burent nos yeux avides?
Ange plein de beauté, connaissez-vous les rides?

Ange plein de bonheur, de joie et de lumières,
David mourant aurait demandé la santé
Aux émanations de ton corps enchanté;
Mais de toi je n'implore, ange, que tes prières,
Ange plein de bonheur, de joie et de lumières!

48 🙙— CONFESSION

Une fois, une seule, aimable et douce femme,
　　A mon bras votre bras poli
S'appuya (sur le fond ténébreux de mon âme
　　Ce souvenir n'est point pâli);

Il était tard; ainsi qu'une médaille neuve
　　La pleine lune s'étalait,
Et la solennité de la nuit, comme un fleuve,
　　Sur Paris dormant ruisselait.

Et le long des maisons, sous les portes cochères,
    Des chats passaient furtivement,
L'oreille au guet, ou bien, comme des ombres chères,
    Nous accompagnaient lentement.

Tout à coup, au milieu de l'intimité libre
    Eclose à la pâle clarté,
De vous, riche et sonore instrument où ne vibre
    Que la radieuse gaieté,

De vous, claire et joyeuse ainsi qu'une fanfare
    Dans le matin étincelant,
Une note plaintive, une note bizarre
    S'échappa tout en chancelant

Comme une enfant chétive, horrible, sombre, immonde,
    Dont sa famille rougirait,
Et qu'elle aurait longtemps, pour la cacher au monde,
    Dans un caveau mise au secret.

Pauvre ange, elle chantait, votre note criarde:
    'Que rien ici-bas n'est certain,
Et que toujours, avec quelque soin qu'il se farde,
    Se trahit l'égoïsme humain;

Que c'est un dur métier que d'être belle femme,
    Et que c'est le travail banal
De la danseuse folle et froide qui se pâme
    Dans un sourire machinal;

Que bâtir sur les cœurs est une chose sotte;
    Que tout craque, amour et beauté,
Jusqu'à ce que l'Oubli les jette dans sa hotte
    Pour les rendre à l'Eternité!'

J'ai souvent évoqué cette lune enchantée,
    Ce silence et cette langueur,

Et cette confidence horrible chuchotée
Au confessional du cœur.

49 ⊱— L'AUBE SPIRITUELLE

Quand chez les débauchés l'aube blanche et vermeille
Entre en société de l'Idéal rongeur,
Par l'opération d'un mystère vengeur
Dans la brute assoupie un ange se réveille.

Des Cieux Spirituels l'inaccessible azur,
Pour l'homme terrassé qui rêve encore et souffre,
S'ouvre et s'enfonce avec l'attirance du gouffre.
Ainsi, chère Déesse, Etre lucide et pur,

Sur les débris fumeux des stupides orgies
Ton souvenir plus clair, plus rose, plus charmant,
A mes yeux agrandis voltige incessamment.

Le soleil a noirci la flamme des bougies;
Ainsi, toujours vainqueur, ton fantôme est pareil,
Ame resplendissante, à l'immortel soleil!

50 ⊱— HARMONIE DU SOIR

Voici venir les temps où vibrant sur sa tige
Chaque fleur s'évapore ainsi qu'un encensoir;
Les sons et les parfums tournent dans l'air du soir;
Valse mélancolique et langoureux vertige!

Chaque fleur s'évapore ainsi qu'un encensoir;
Le violon frémit comme un cœur qu'on afflige;
Valse mélancolique et langoureux vertige!
Le ciel est triste et beau comme un grand reposoir.

Le violon frémit comme un cœur qu'on afflige,
Un cœur tendre, qui hait le néant vaste et noir!
Le ciel est triste et beau comme un grand reposoir;
Le soleil s'est noyé dans son sang qui se fige.

Un cœur tendre qui hait le néant vaste et noir,
Du passé lumineux recueille tout vestige!
Le soleil s'est noyé dans son sang qui se fige . . .
Ton souvenir en moi luit comme un ostensoir!

51 ⁑⸱⸱ LE FLACON

Il est de forts parfums pour qui toute matière
Est poreuse. On dirait qu'ils pénètrent le verre.
En ouvrant un coffret venu de l'Orient
Dont la serrure grince et richigne en criant,

Ou dans une maison déserte quelque armoire
Pleine de l'âcre odeur des temps, poudreuse et noire,
Parfois on trouve un vieux flacon qui se souvient,
D'où jaillit toute vive une âme qui revient.

Mille pensers dormaient, chrysalides funèbres,
Frémissant doucement dans les lourdes ténèbres,
Qui dégagent leur aile et prennent leur essor,
Teintés d'azur, glacés de rose, lamés d'or.

Voilà le souvenir enivrant qui voltige
Dans l'air troublé; les yeux se ferment; le Vertige
Saisit l'âme vaincue et la pousse à deux mains
Vers un gouffre obscurci de miasmes humains;

Il la terrasse au bord d'un gouffre séculaire,
Où, Lazare odorant déchirant son suaire,
Se meut dans son réveil le cadavre spectral
D'un viel amour ranci, charmant et sépulcral.

Ainsi, quand je serai perdu dans la mémoire
Des hommes, dans le coin d'une sinistre armoire
Quand on m'aura jeté, vieux flacon désolé,
Décrépit, poudreux, sale, abject, visqueux, fêlé,

Je serai ton cercueil, aimable pestilence!
Le témoin de ta force et de ta virulence,
Cher poison préparé par les anges! liqueur
Qui me ronge, ô la vie et la mort de mon cœur!

52 ❧— LE POISON

Le vin sait revêtir le plus sordide bouge
    D'un luxe miraculeux,
Et fait surgir plus d'un portique fabuleux
    Dans l'or de sa vapeur rouge,
Comme un soleil couchant dans un ciel nébuleux.

L'opium agrandit ce qui n'a pas de bornes,
    Allonge l'illimité,
Approfondit le temps, creuse la volupté,
    Et de plaisirs noirs et mornes
Remplit l'âme au delà de sa capacité.

Tout cela ne vaut pas le poison qui découle
    De tes yeux, de tes yeux verts,
Lacs où mon âme tremble et se voit à l'envers . . .
    Mes songes viennent en foule
Pour se désaltérer à ces gouffres amers.

Tout cela ne vaut pas le terrible prodige
    De ta salive qui mord,
Qui plonge dans l'oubli mon âme sans remord,
    Et, charriant le vertige,
La roule défaillante aux rives de la mort!

231

53 ⌁— CIEL BROUILLÉ

On dirait ton regard d'une vapeur couvert;
Ton œil mystérieux (est-il bleu, gris ou vert?)
Alternativement tendre, rêveur, cruel,
Réfléchit l'indolence et la pâleur du ciel.

Tu rappelles ces jours blancs, tièdes et voilés,
Qui font se fondre en pleurs les cœurs ensorcelés.
Quand, agités d'un mal inconnu qui les tord,
Les nerfs trop éveillés raillent l'esprit qui dort.

Tu ressembles parfois à ces beaux horizons
Qu'allument les soleils des brumeuses saisons . . .
Comme tu resplendis, paysage mouillé
Qu'enflamment les rayons tombant d'un ciel brouillé!

O femme dangereuse, ô séduisants climats!
Adorerai-je aussi ta neige et vos frimas,
Et saurai-je tirer de l'implacable hiver
Des plaisirs plus aigus que la glace et le fer?

54 ⌁— LE CHAT

I

Dans ma cervelle se promène,
Ainsi qu'en son appartement,
Un beau chat, fort, doux et charmant.
Quand il miaule, on l'entend à peine,

Tant son timbre est tendre et discret;
Mais que sa voix s'apaise ou gronde,
Elle est toujours riche et profonde.
C'est là son charme et son secret.

Cette voix, qui perle et qui filtre
Dans mon fonds le plus ténébreux,

Me remplit comme un vers nombreux
Et me réjouit comme un philtre.

Elle endort les plus cruels maux
Et contient toutes les extases;
Pour dire les plus longues phrases,
Elle n'a pas besoin de mots.

Non, il n'est pas d'archet qui morde
Sur mon cœur, parfait instrument,
Et fasse plus royalement
Chanter sa plus vibrante corde,

Que ta voix, chat mystérieux,
Chat séraphique, chat étrange,
En qui tout est, comme en un ange,
Aussi subtil qu'harmonieux!

2

De sa fourrure blonde et brune
Sort un parfum si doux, qu'un soir
J'en fus embaumé, pour l'avoir
Caressée une fois, rien qu'une.

C'est l'esprit familier du lieu;
Il juge, il préside, il inspire
Toutes choses dans son empire;
Peut-être est-il fée, est-il dieu?

Quand mes yeux, vers ce chat que j'aime
Tirés comme par un aimant,
Se retournent docilement
Et que je regarde en moi-même,

Je vois avec étonnement
Le feu des ses prunelles pâles,
Clairs fanaux, vivantes opales,
Qui me contemplent fixement.

55 ❦— LE BEAU NAVIRE

Je veux te raconter, ô molle enchanteresse!
Les diverses beautés qui parent ta jeunesse;
    Je veux te peindre ta beauté,
Où l'enfance s'allie à la maturité.

Quand tu vas balayant l'air de ta jupe large,
Tu fais l'effet d'un beau vaisseau qui prend le large,
    Chargé de toile, et va roulant
Suivant un rythme doux, et paresseux, et lent.

Sur ton cou large et rond, sur tes épaules grasses,
Ta tête se pavane avec d'étranges grâces;
    D'un air placide et triomphant
Tu passes ton chemin, majestueuse enfant.

Je veux te raconter, ô molle enchanteresse!
Les diverses beautés qui parent ta jeunesse;
    Je veux te peindre ta beauté,
Où l'enfance s'allie à la maturité.

Ta gorge qui s'avance et qui pousse la moire,
Ta gorge triomphante est une belle armoire
    Dont les panneaux bombés et clairs
Comme les boucliers accrochent des éclairs;

Boucliers provocants, armés de pointes roses!
Armoire à doux secrets, pleine de bonnes choses,
    De vins, de parfums, de liqueurs
Qui feraient délirer les cerveaux et les cœurs!

Quand tu vas balayant l'air de ta jupe large,
Tu fais l'effet d'un beau vaisseau qui prend le large,
    Chargé de toile, et va roulant
Suivant un rythme doux, et paresseux, et lent.

Tes nobles jambes, sous les volants qu'elles chassent,
Tourmentent les désirs obscurs et les agacent,
    Comme deux sorcières qui font
Tourner un philtre noir dans un vase profond.

Tes bras, qui se joueraient des précoces hercules,
Sont des boas luisants les solides émules,
    Faits pour serrer obstinément,
Comme pour l'imprimer dans ton cœur, ton amant.

Sur ton cou large et rond, sur tes épaules grasses,
Ta tête se pavane avec d'étranges grâces ;
    D'un air placide et triomphant
Tu passes ton chemin, majestueuse enfant.

56 — L'INVITATION AU VOYAGE

    Mon enfant, ma sœur,
    Songe à la douceur
D'aller là-bas vivre ensemble !
    Aimer à loisir,
    Aimer et mourir
Au pays qui te ressemble !
    Les soleils mouillés
    De ces ciels brouillés
Pour mon esprit ont les charmes
    Si mystérieux
    De tes traîtres yeux,
Brillant à travers leurs larmes.

Là, tout n'est qu'ordre et beauté,
Luxe, calme et volupté.

    Des meubles luisants,
    Polis par les ans,
Décoreraient notre chambre ;

Les plus rares fleurs
Mêlant leurs odeurs
Aux vagues senteurs de l'ambre,
Les riches plafonds,
Les miroirs profonds,
La splendeur orientale,
Tout y parlerait
A l'âme en secret
Sa douce langue natale.

Là, tout n'est qu'ordre et beauté,
Luxe, calme et volupté.

Vois sur ces canaux
Dormir ces vaisseaux
Dont l'humeur est vagabonde;
C'est pour assouvir
Ton moindre désir
Qu'ils viennent du bout du monde.
– Les soleils couchants
Revêtent les champs,
Les canaux, la ville entière,
D'hyacinthe et d'or;
Le monde s'endort
Dans une chaude lumière.

Là, tout n'est qu'ordre et beauté,
Luxe, calme et volupté.

57 ﷼— L'IRREPARABLE

Pouvons-nous étouffer le vieux, le long Remords,
   Qui vit, s'agite et se tortille,
Et se nourrit de nous comme le ver des morts,
   Comme du chêne la chenille?
Pouvons-nous étouffer l'implacable Remords?

Dans quel philtre, dans quel vin, dans quelle tisane,
 Noierons-nous ce vieil ennemi,
Destructeur et gourmand comme la courtisane,
 Patient comme la fourmi?
Dans quel philtre? – dans quel vin? – dans quelle tisane?

Dis-le, belle sorcière, oh! dis, si tu le sais,
 A cet esprit comblé d'angoisse
Et pareil au mourant qu'écrasent les blessés,
 Que le sabot du cheval froisse,
Dis-le, belle sorcière, oh! dis, si tu le sais,

A cet agonisant que le loup déjà flaire
 Et que surveille le corbeau,
A ce soldat brisé! s'il faut qu'il désespère
 D'avoir sa croix et son tombeau;
Ce pauvre agonisant que déjà le loup flaire!

Peut-on illuminer un ciel bourbeux et noir?
 Peut-on déchirer des ténèbres
Plus denses que la poix, sans matin et sans soir,
 Sans astres, sans éclairs funèbres?
Peut-on illuminer un ciel bourbeux et noir?

L'Espérance qui brille aux carreaux de l'Auberge
 Est soufflée, est morte à jamais!
Sans lune et sans rayons, trouver où l'on héberge
 Les martyrs d'un chemin mauvais!
Le Diable a tout éteint aux carreaux de l'Auberge!

Adorable sorcière, aimes-tu les damnés?
 Dis, connais-tu l'irrémissible?
Connais-tu le Remords, aux traits empoisonnés,
 A qui notre cœur sert de cible?
Adorable sorcière, aimes-tu les damnés?

L'Irréparable ronge, avec sa dent maudite
    Notre âme, piteux monument,
Et souvent il attaque, ainsi que le termite,
    Par la base le bâtiment.
L'Irréparable ronge avec sa dent maudite!

— J'ai vu parfois, au fond d'un théâtre banal
    Qu'enflammait l'orchestre sonore,
Une fée allumer dans un ciel infernal
    Une miraculeuse aurore;
J'ai vu parfois au fond d'un théâtre banal

Un être, qui n'était que lumière, or et gaze,
    Terrasser l'énorme Satan;
Mais mon cœur, que jamais ne visite l'extase,
    Est un théâtre où l'on attend
Toujours, toujours en vain, l'Etre aux ailes de gaze!

58   CAUSERIE

Vous êtes un beau ciel d'automne, clair et rose!
Mais la tristesse en moi monte comme la mer,
Et laisse, en refluant, sur ma lèvre morose
Le souvenir cuisant de son limon amer.

— Ta main se glisse en vain sur mon sein qui se pâme;
Ce qu'elle cherche, amie, est un lieu saccagé
Par la griffe et la dent féroce de la femme.
Ne cherchez plus mon cœur; les bêtes l'ont mangé.

Mon cœur est un palais flétri par la cohue;
On s'y soûle, on s'y tue, on s'y prend aux cheveux!
— Un parfum nage autour de votre gorge nue!...

O Beauté, dur fléau des âmes, tu le veux!
Avec tes yeux de feu, brillants comme des fêtes,
Calcine ces lambeaux qu'ont épargnés les bêtes!

59 — CHANT D'AUTOMNE

1

Bientôt nous plongerons dans les froides ténèbres;
Adieu, vive clarté de nos étés trop courts!
J'entends déjà tomber avec des chocs funèbres
Le bois retentissant sur le pavé des cours.

Tout l'hiver va rentrer dans mon être: colère,
Haine, frissons, horreur, labeur dur et forcé,
Et, comme le soleil dans son enfer polaire,
Mon cœur ne sera plus qu'un bloc rouge et glacé.

J'écoute en frémissant chaque bûche qui tombe;
L'échafaud qu'on bâtit n'a pas d'écho plus sourd.
Mon esprit est pareil à la tour qui succombe
Sous les coups du bélier infatigable et lourd.

Il me semble, bercé par ce choc monotone,
Qu'on cloue en grande hâte un cercueil quelque part.
Pour qui? – C'était hier l'été; voici l'automne!
Ce bruit mystérieux sonne comme un départ.

2

J'aime de vos longs yeux la lumière verdâtre,
Douce beauté, mais tout aujourd'hui m'est amer,
Et rien, ni votre amour, ni le boudoir, ni l'âtre,
Ne me vaut le soleil rayonnant sur la mer.

Et pourtant aimez-moi, tendre cœur! soyez mère,
Même pour un ingrat, même pour un méchant;
Amante ou sœur, soyez la douceur éphémère
D'un glorieux automne ou d'un soleil couchant.

Courte tâche! La tombe attend; elle est avide!
Ah! laissez-moi, mon front posé sur vos genoux,
Goûter, en regrettant l'été blanc et torride,
De l'arrière-saison le rayon jaune et doux!

60 ❧ A UNE MADONE

EX-VOTO DANS LE GOUT ESPAGNOL

Je veux bâtir pour toi, Madone, ma maîtresse,
Un autel souterrain au fond de ma détresse,
Et creuser dans le coin le plus noir de mon cœur,
Loin du désir mondain et du regard moqueur,
Une niche, d'azur et d'or tout émaillée,
Où tu te dresseras, Statue émerveillée.
Avec mes Vers polis, treillis d'un pur métal
Savamment constellé de rimes de cristal,
Je ferai pour ta tête une énorme Couronne;
Et dans ma Jalousie, ô mortelle Madone,
Je saurai te tailler un Manteau, de façon
Barbare, roide et lourd, et doublé de soupçon,
Qui, comme une guérite, enfermera tes charmes;
Non de Perles brodé, mais de toutes mes Larmes!
Ta Robe, ce sera mon Désir, frémissant,
Onduleux, mon Désir qui monte et qui descend,
Aux pointes se balance, aux vallons se repose,
Et revêt d'un baiser tout ton corps blanc et rose.
Je te ferai de mon Respect de beaux Souliers
De satin, par tes pieds divins humiliés,
Qui, les emprisonnant dans une molle étreinte,
Comme un moule fidèle en garderont l'empreinte.
Si je ne puis, malgré tout mon art diligent,
Pour Marchepied tailler une Lune d'argent,
Je mettrai le Serpent qui me mord les entrailles
Sous tes talons, afin que tu foules et railles,
Reine victorieuse et féconde en rachats,
Ce monstre tout gonflé de haine et de crachats.
Tu verras mes Pensers, rangés comme les Cierges
Devant l'autel fleuri de la Reine des Vierges,
Etoilant de reflets le plafond peint en bleu,
Te regarder toujours avec des yeux de feu;

Et comme tout en moi te chérit et t'admire,
Tout se fera Benjoin, Encens, Oliban, Myrrhe,
Et sans cesse vers toi, sommet blanc et neigeux,
En Vapeurs montera mon Esprit orageux.

Enfin, pour compléter ton rôle de Marie,
Et pour mêler l'amour avec la barbarie,
Volupté noire! des sept Péchés capitaux,
Bourreau plein de remords, je ferai sept Couteaux
Bien affilés, et, comme un jongleur insensible,
Prenant le plus profond de ton amour pour cible,
Je les planterai tous dans ton Cœur pantelant,
Dans ton Cœur sangolant, dans ton Cœur ruisselant!

61 }&--- CHANSON D'APRES-MIDI

Quoique tes sourcils méchants
Te donnent un air étrange
Qui n'est pas celui d'un ange,
Sorcière aux yeux alléchants,

Je t'adore, ô ma frivole,
Ma terrible passion!
Avec la dévotion
Du prêtre pour son idole.

Le désert et la forêt
Embaument tes tresses rudes:
Ta tête a les attitudes
De l'énigme et du secret.

Sur ta chair le parfum rôde
Comme autour d'un encensoir;
Tu charmes comme le soir,
Nymphe ténébreuse et chaude.

Ah! les philtres les plus forts
Ne valent pas ta paresse,
Et tu connais la caresse
Qui fait revivre les morts!

Tes hanches sont amoureuses
De ton dos et de tes seins,
Et tu ravis les coussins
Par tes poses langoureuses

Quelquefois, pour apaiser
Ta rage mystérieuse,
Tu prodigues, sérieuse,
La morsure et le baiser;

Tu me déchires, ma brune,
Avec un rire moqueur,
Et puis tu mets sur mon cœur
Ton œil doux comme la lune.

Sous tes souliers de satin,
Sous tes charmants pieds de soie,
Moi, je mets ma grande joie,
Mon génie et mon destin,

Mon âme par toi guérie,
Par toi, lumière et couleur!
Explosion de chaleur
Dans ma noire Sibérie!

62 ❧ SISINA

Imaginez Diane en galant équipage,
Parcourant les forêts ou battant les halliers,
Cheveux et gorge au vent, s'enivrant de tapage,
Superbe et défiant les meilleurs cavaliers!

Avez-vous vu Théroigne, amante du carnage,
Excitant à l'assaut un peuple sans souliers,
La joue et l'œil en feu, jouant son personnage,
Et montant, sabre au poing, les royaux escaliers?

Telle la Sisina! Mais la douce guerrière
A l'âme charitable autant que meurtrière;
Son courage, affolé de poudre et de tambours,

Devant les suppliants sait mettre bas les armes,
Et son cœur, ravagé par la flamme, a toujours,
Pour qui s'en montre digne, un réservoir de larmes.

63 &--- A UNE DAME CREOLE

Au pays parfumé que le soleil caresse,
J'ai connu, sous un dais d'arbres tout empourprés
Et de palmiers d'où pleut sur les yeux la paresse,
Une dame créole aux charmes ignorés.

Son teint est pâle et chaud; la brune enchanteresse
A dans le cou des airs noblement maniérés;
Grande et svelte en marchant comme une chasseresse,
Son sourire est tranquille et ses yeux assurés.

Si vous alliez, Madame, au vrai pays de gloire,
Sur les bords de la Seine ou de la verte Loire,
Belle digne d'orner les antiques manoirs,

Vous feriez, à l'abri des ombreuses retraites,
Germer mille sonnets dans le cœur des poètes,
Que vos grands yeux rendraient plus soumis que vos
                                                    [noirs.

64 ⟩⟨--- MOESTA ET ERRABUNDA

Dis-moi, ton cœur parfois s'envole-t-il, Agathe,
Loin du noir océan de l'immonde cité,
Vers un autre océan où la splendeur éclate,
Bleu, clair, profond, ainsi que la virginité?
Dis-moi, ton cœur parfois s'envole-t-il, Agathe?

La mer, la vaste mer, console nos labeurs!
Quel démon a doté la mer, rauque chanteuse
Qu'accompagne l'immense orgue des vents grondeurs,
De cette fonction sublime de berceuse?
La mer, la vaste mer, console nos labeurs!

Emporte-moi, wagon! enlève-moi, frégate!
Loin, loin! ici la boue est faite de nos pleurs!
– Est-il vrai que parfois le triste cœur d'Agathe
Dise: Loin des remords, des crimes, des douleurs,
Emporte-moi, wagon, enlève-moi, frégate?

Comme vous êtes loin, paradis parfumé,
Où sous un clair azur tout n'est qu'amour et joie,
Où tout ce que l'on aime est digne d'être aimé,
Où dans la volupté pure le cœur se noie!
Comme vous êtes loin, paradis parfumé!

Mais le vert paradis des amours enfantines,
Les courses, les chansons, les baisers, les bouquets,
Les violons vibrant derrière les collines,
Avec les brocs de vin, le soir, dans les bosquets,
– Mais le vert paradis des amours enfantines,

L'innocent paradis, plein de plaisirs furtifs,
Est-il déjà plus loin que l'Inde et que la Chine?
Peut-on le rappeler avec des cris plaintifs,
Et l'animer encor d'une voix argentine,
L'innocent paradis plein de plaisirs furtifs?

65))•--- LE REVENANT

Comme les anges à l'œil fauve,
Je reviendrai dans ton alcôve
Et vers toi glisserai sans bruit
Avec les ombres de la nuit;

Et je te donnerai, ma brune,
Des baisers froids comme la lune
Et des caresses de serpent
Autour d'une fosse rampant.

Quand viendra le matin livide,
Tu trouveras ma place vide,
Où jusqu'au soir il fera froid.

Comme d'autres par la tendresse,
Sur ta vie et sur ta jeunesse,
Moi, je veux régner par l'effroi.

66))•--- SONNET D'AUTOMNE

Ils me disent, tes yeux, clairs comme le cristal:
'Pour toi, bizarre amant, quel est donc mon mérite?'
– Sois charmante et tais-toi! Mon cœui, que tout irrite,
Excepté la candeur de l'antique animal,

Ne veut pas te montrer son secret infernal,
Berceuse dont la main aux longs sommeils m'invite,
Ni sa noire légende avec la flamme écrite.
Je hais la passion et l'esprit me fait mal!

Aimons-nous doucement. L'Amour dans sa guérite,
Ténébreux, embusqué, bande son arc fatal.
Je connais les engins de son vieil arsenal:

Crime, horreur et folie! – O pâle marguerite!
Comme moi n'es-tu pas un soleil automnal,
O ma si blanche, ô ma si froide Marguerite?

67   TRISTESSES DE LA LUNE

Ce soir, la lune rêve avec plus de paresse;
Ainsi qu'une beauté, sur de nombreux coussins,
Qui d'une main distraite et légère caresse
Avant de s'endormir le contour de ses seins,

Sur le dos satiné des molles avalanches,
Mourante, elle se livre aux longues pâmoisons,
Et promène ses yeux sur les visions blanches
Qui montent dans l'azur comme des floraisons.

Quand parfois sur ce globe, en sa langueur oisive,
Elle laisse filer une larme furtive,
Un poète pieux, ennemi du sommeil,

Dans le creux de sa main prend cette larme pâle,
Aux reflets irisés comme un fragment d'opale,
Et la met dans son cœur loin des yeux du soleil.

68   LES CHATS

Les amoureux fervents et les savants austères
Aiment également, dans leur mûre saison,
Les chats puissants et doux, orgueil de la maison,
Qui comme eux sont frileux et comme eux sédentaires.

Amis de la science et da la volupté,
Ils cherchent le silence et l'horreur des ténèbres;
L'Erèbe les eût pris pour ses coursiers funèbres,
S'ils pouvaient au servage incliner leur fierté.

Ils prennent en songeant les nobles attitudes
Des grands sphinx allongés au fond des solitudes,
Qui semblent s'endormir dans un rêve sans fin;

Leurs reins féconds sont pleins d'étincelles magiques,
Et des parcelles d'or, ainsi qu'un sable fin,
Etoilent vaguement leurs prunelles mystiques.

69 }&--- LES HIBOUX

Sous les ifs noirs qui les abritent,
Les hiboux se tiennent rangés,
Ainsi que les dieux étrangers,
Dardant leur œil rouge. Ils méditent.

Sans remuer ils se tiendront
Jusqu'à l'heure mélancolique
Où, poussant le soleil oblique,
Les ténèbres s'établiront.

Leur attitude au sage enseigne
Qu'il faut en ce monde qu'il craigne
Le tumulte et le mouvement;

L'homme ivre d'une ombre qui passe
Porte toujours le châtiment
D'avoir voulu changer de place.

70 }&--- LA PIPE

Je suis la pipe d'un auteur;
On voit, à contempler ma mine
D'Abyssinienne ou de Cafrine,
Que mon maître est un grand fumeur.

247

Quand il est comblé de douleur,
Je fume comme la chaumine
Où se prépare la cuisine
Pour le retour du laboureur.

J'enlace et je berce son âme
Dans le réseau mobile et bleu
Qui monte de ma bouche en feu,

Et je roule un puissant dictame
Qui charme son cœur et guérit
De ses fatigues son esprit.

71   LA MUSIQUE

La musique souvent me prend comme une mer !
    Vers ma pâle étoile,
Sous un plafond de brume ou dans un vaste éther,
    Je mets à la voile ;

La poitrine en avant et les poumons gonflés
    Comme de la toile,
J'escalade le dos des flots amoncelés
    Que la nuit me voile ;

Je sens vibrer en moi toutes les passions
    D'un vaisseau qui souffre ;
Le bon vent, la tempête et ses convulsions

    Sur l'immense gouffre
Me bercent. D'autres fois, calme plat, grand miroir
    De mon désespoir !

72)❄— SEPULTURE

Si par une nuit lourde et sombre
Un bon chrétien, par charité,
Derrière quelque vieux décombre
Enterre votre corps vanté,

A l'heure où les chastes étoiles
Ferment leurs yeux appesantis,
L'araignée y fera ses toiles,
Et la vipère ses petits;

Vous entendrez toute l'année
Sur votre tête condamnée
Les cris lamentables des loups

Et des sorcières faméliques,
Les ébats des vieillards lubriques
Et les complots des noirs filous.

73)❄— UNE GRAVURE FANTASTIQUE

Ce spectre singulier n'a pour toute toilette,
Grotesquement campé sur son front de squelette,
Qu'un diadème affreux sentant le carnaval.
Sans éperons, sans fouet, il essouffle un cheval,
Fantôme comme lui, rosse apocalyptique,
Qui bave des naseaux comme un épileptique.
Au travers de l'espace ils s'enfoncent tous deux,
Et foulent l'infini d'un sabot hasardeux.
Le cavalier promène un sabre qui flamboie
Sur les foules sans nom que sa monture broie,
Et parcourt, comme un prince inspectant sa maison,
Le cimetière immense et froid, sans horizon,
Où gisent, aux lueurs d'un soleil blanc et terne,
Les peuples de l'histoire ancienne et moderne.

74)⊱⁀– LE MORT JOYEUX

Dans une terre grasse et pleine d'escargots
Je veux creuser moi-même une fosse profonde,
Où je puisse à loisir étaler mes vieux os
Et dormir dans l'oubli comme un requin dans l'onde.

Je hais les testaments et je hais les tombeaux;
Plutôt que d'implorer une larme du monde,
Vivant, j'aimerais mieux inviter les corbeaux
A saigner tous les bouts de ma carcasse immonde.

O vers! noirs compagnons sans oreille et sans yeux,
Voyez venir à vous un mort libre et joyeux;
Philosophes viveurs, fils de la pourriture,

A travers ma ruine allez donc sans remords,
Et dites-moi s'il est encor quelque torture
Pour ce vieux corps sans âme et mort parmi les morts!

75)⊱⁀– LE TONNEAU DE LA HAINE

La Haine est le tonneau des pâles Danaïdes;
La Vengeance éperdue aux bras rouges et forts
A beau précipiter dans ses ténèbres vides
De grands seaux pleins du sang et des larmes des morts,

Le Démon fait des trous secrets à ces abîmes,
Par où fuiraient mille ans de sueurs et d'efforts,
Quand même elle saurait ranimer ses victimes,
Et pour les pressurer ressusciter leurs corps.

La Haine est un ivrogne au fond d'une taverne,
Qui sent toujours la soif naître de la liqueur
Et se multiplier comme l'hydre de Lerne.

– Mais les buveurs heureux connaissent leur vainqueur,
Et la Haine est vouée à ce sort lamentable
De ne pouvoir jamais s'endormir sous la table.

76 }•~ L A   C L O C H E   F E L E E

Il est amer et doux, pendant les nuits d'hiver,
D'écouter, près du feu qui palpite et qui fume,
Les souvenirs lointains lentement s'élever
Au bruit des carillons qui chantent dans la brume.

Bienheureuse la cloche au gosier vigoureux
Qui, malgré sa vieillesse, alerte et bien portante,
Jette fidèlement son cri religieux,
Ainsi qu'un vieux soldat qui veille sous la tente!

Moi, mon âme est fêlée, et lorsqu'en ses ennuis
Elle veut de ses chants peupler l'air froid des nuits,
Il arrive souvent que sa voix affaiblie

Semble le râle épais d'un blessé qu'on oublie
Au bord d'un lac de sang, sous un grand tas de morts,
Et qui meurt, sans bouger, dans d'immenses efforts.

77 }•~ S P L E E N   (I)

Pluviôse, irrité contre la ville entière,
De son urne à grands flots verse un froid ténébreux
Aux pâles habitants du voisin cimetière
Et la mortalité sur les faubourgs brumeaux.

Mon chat sur le carreau cherchant une litière
Agite sans repos son corps maigre et galeux;
L'âme d'un vieux poète erre dans la gouttière
Avec la triste voix d'un fantôme frileux.

Le bourdon se lamente, et la bûche enfumée
Accompagne en fausset la pendule enrhumée,
Cependant qu'en un jeu plein de sales parfums,

Héritage fatal d'une vieille hydropique,
Le beau valet de cœur et la dame de pique
Causent sinistrement de leurs amours défunts.

78 &-- SPLEEN (II)

J'ai plus de souvenirs que si j'avais mille ans.

Un gros meuble à tiroirs encombré de bilans,
De vers, de billets doux, de procès, de romances,
Avec de lourds cheveux roulés dans des quittances,
Cache moins de secrets que mon triste cerveau.
C'est une pyramide, un immense caveau,
Qui contient plus de morts que la fosse commune.
– Je suis un cimetière abhorré de la lune,
Où comme des remords se traînent de longs vers
Qui s'acharnent toujours sur mes morts les plus chers.
Je suis un vieux boudoir plein de roses fanées,
Où gît tout un fouillis de modes surannées,
Où les pastels plaintifs et les pâles Boucher,
Seuls, respirent l'odeur d'un flacon débouché.

Rien n'égale en longueur les boiteuses journées,
Quand sous les lourds flocons des neigeuses années,
L'ennui, fruit de la morne incuriosité,
Prend les proportions de l'immortalité,
– Désormais tu n'es plus, ô matière vivante!
Qu'un granit entouré d'une vague épouvante,
Assoupi dans le fond d'un Saharah brumeux;
Un vieux sphinx ignoré du monde insoucieux,
Oublié sur la carte, et dont l'humeur farouche
Ne chante qu'aux rayons du soleil qui se couche.

79)⟡⟶ SPLEEN (III)

Je suis comme le roi d'un pays pluvieux,
Riche, mais impuissant, jeune et pourtant très-vieux,
Qui, de ses précepteurs méprisant les courbettes,
S'ennuie avec ses chiens comme avec d'autres bêtes.
Rien ne peut l'égayer, ni gibier, ni faucon,
Ni son peuple mourant en face du balcon.
Du bouffon favori la grotesque ballade
Ne distrait plus le front de ce cruel malade;
Son lit fleurdelisé se transforme en tombeau,
Et les dames d'atour, pour qui tout prince est beau,
Ne savent plus trouver d'impudique toilette
Pour tirer un souris de ce jeune squelette.
Le savant qui lui fait de l'or n'a jamais pu
De son être extirpir l'élément corrompu,
Et dans ces bains de sang qui des Romains nous viennent,
Et dont sur leurs vieux jours les puissants se souviennent,
Il n'a su réchauffer ce cadavre hébété
Où coule au lieu de sang l'eau verte du Léthé.

80)⟡⟶ SPLEEN (IV)

Quand le ciel bas et lourd pèse comme un couvercle
Sur l'esprit gémissant en proie aux longs ennuis,
Et que de l'horizon embrassant tout le cercle
Il nous verse un jour noir plus triste que les nuits;

Quand la terre est changée en un cachot humide,
Où l'Espérance, comme une chauve-souris,
S'en va battant les murs de son aile timide
Et se cognant la tête à des plafonds pourris;

Quand la pluie étalant ses immenses traînées
D'une vaste prison imite les barreaux,

Et qu'un peuple muet d'infâmes araignées
Vient tendre ses filets au fond de nos cerveaux,

Des cloches tout à coup sautent avec furie
Et lancent vers le ciel un affreux hurlement,
Ainsi que des esprits errants et sans patrie
Qui se mettent à geindre opiniâtrement.

– Et de longs corbillards, sans tambours ni musique,
Défilent lentement dans mon âme; l'Espoir,
Vaincu, pleure, et l'Angoisse atroce, despotique,
Sur mon crâne incliné plante son drapeau noir.

81 — OBSESSION

Grands bois, vous m'effrayez comme des cathédrales;
Vous hurlez comme l'orgue; et dans nos cœurs maudits,
Chambres d'éternel deuil où vibrent de vieux râles,
Répondent les échos de vos *De profundis.*

Je te hais, Océan! tes bonds et tes tumultes,
Mon esprit les retrouve en lui; ce rire amer
De l'homme vaincu, plein de sanglots et d'insultes,
Je l'entends dans le rire énorme de la mer.

Comme tu me plairais, ô nuit! sans ces étoiles
Dont la lumière parle un langage connu!
Car je cherche le vide, et le noir, et le nu!

Mais les ténèbres sont elles-mêmes des toiles
Où vivent, jaillissant de mon œil par milliers,
Des êtres disparus aux regards familiers.

82 }⁊⸱⸱ L E   G O U T   D U   N E A N T

Morne esprit, autrefois amoureux de la lutte,
L'Espoir, dont l'éperon attisait ton ardeur,
Ne veut plus t'enfourcher! Couche-toi sans pudeur,
Vieux cheval dont le pied à chaque obstacle butte.

Résigne-toi, mon cœur; dons ton sommeil de brute.

Esprit vaincu, fourbu! Pour toi, vieux maraudeur,
L'amour n'a plus de goût, non plus que la dispute;
Adieu donc, chants du cuivre et soupirs de la flûte!
Plaisirs, ne tentez plus un cœur sombre et boudeur!

Le Printemps adorable a perdu son odeur!

Et le Temps m'engloutit minute par minute,
Comme la neige immense un corps pris de roideur;
Je contemple d'en haut le globe en sa rondeur,
Et je n'y cherche plus l'abri d'une cahute.

Avalanche, veux-tu m'emporter dans ta chute?

83 }⁊⸱⸱ A L C H I M I E   D E   L A   D O U L E U R

L'un t'éclaire avec son ardeur,
L'autre en toi met son deuil, Nature!
Ce qui dit à l'un: Sépulture!
Dit à l'autre: Vie et splendeur!

Hermès inconnu qui m'assistes
Et qui toujours m'intimidas,
Tu me rends l'égal de Midas,
Le plus triste des alchimistes;

Par toi je change l'or en fer
Et le paradis en enfer;
Dans le suaire des nuages

Je découvre un cadavre cher,
Et sur les célestes rivages
Je bâtis de grands sarcophages,

84 　HORREUR SYMPATHIQUE

De ce ciel bizarre et livide,
Tourmenté comme ton destin,
Quels pensers dans ton âme vide
Descendent? réponds, libertin.

– Insatiablement avide
De l'obscur et de l'incertain,
Je ne geindrai pas comme Ovide
Chassé du paradis latin.

Cieux déchirés comme des grèves,
En vous se mire mon orgueil;
Vos vastes nuages en deuil

Sont les corbillards de mes rêves,
Et vos lueurs sont le reflet
De l'Enfer où mon cœur se plaît.

85 　L'HEAUTONTIMOROUMENOS

Je te frapperai sans colère
Et sans haine, comme un boucher,
Comme Moïse le rocher!
Et je ferai de ta paupière,

Pour abreuver mon Saharah,
Jaillir les eaux de la souffrance.
Mon désir gonflé d'espérance
Sur tes pleurs salés nagera

Comme un vaisseau qui prend le large,
Et dans mon cœur qu'ils soûleront
Tes chers sanglots retentiront
Comme un tambour qui bat la charge!

Ne suis-je pas un faux accord
Dans la divine symphonie,
Grâce à la vorace Ironie
Qui me secoue et qui me mord?

Elle est dans ma voix, la criarde!
C'est tout mon sang, ce poison noir!
Je suis le sinistre miroir
Où la mégère se regarde!

Je suis la plaie et le couteau!
Je suis le soufflet et la joue!
Je suis les membres et la roue,
Et la victime et le bourreau!

Je suis de mon cœur le vampire,
– Un de ces grands abandonnés
Au rire éternel condamnés
Et qui ne peuvent plus sourire!

86   L'IRREMEDIABLE

I

Une Idée, une Forme, un Etre
Parti de l'azur et tombé

257

Dans un Styx bourbeux et plombé
Où nul œil du Ciel ne pénètre;

Un Ange, imprudent voyageur
Qu'a tenté l'amour du difforme,
Au fond d'un cauchemar énorme
Se débattant comme un nageur,

Et luttant, angoisses funèbres!
Contre un gigantesque remous
Qui va chantant comme les fous
Et pirouettant dans les ténèbres;

Un malheureux ensorcelé
Dans ses tâtonnements futiles,
Pour fuir d'un lieu plein de reptiles,
Cherchant la lumière et la clé;

Un damné descendant sans lampe,
Au bord d'un gouffre dont l'odeur
Trahit l'humide profondeur,
D'éternels escaliers sans rampe,

Où veillent des monstres visqueux
Dont les larges yeux de phosphore
Font une nuit plus noire encore
Et ne rendent visibles qu'eux;

Un navire pris dans le pôle,
Comme en un piége de cristal,
Cherchant par quel détroit fatal
Il est tombé dans cette geôle;

– Emblèmes nets, tableau parfait
D'une fortune irrémédiable,
Qui donne à penser que le Diable
Fait toujours bien tout ce qu'il fait!

2

Tête-à-tête sombre et limpide
Qu'un cœur devenu son miroir!
Puits de Vérité, clair et noir,
Où tremble une étoile livide,

Un phare ironique, infernal,
Flambeau des grâces sataniques,
Soulagement et gloires uniques,
– La conscience dans le Mal!

87)*-- L'HORLOGE

Horloge! dieu sinistre, effrayant, impassible,
Dont le doigt nous menace et nous dit: '*Souviens-toi!*
Les vibrantes Douleurs dans ton cœur plein d'effroi
Se planteront bientôt comme dans une cible;

Le Plaisir vaporeux fuira vers l'horizon
Ainsi qu'une sylphide au fond de la coulisse;
Chaque instant te dévore un morceau du délice
A chaque homme accordé pour toute sa saison.

Trois mille six cents fois par heure, la Seconde
Chuchote: *Souviens-toi!* – Rapide, avec sa voix
D'insecte, Maintenant dit: Je suis Autrefois,
Et j'ai pompé ta vie avec ma trompe immonde!

Remember! Souviens-toi! prodigue! *Esto memor!*
(Mon gosier de métal parle toutes les langues.)
Les minutes, mortel folâtre, sont des gangues
Qu'il ne faut pas lâcher sans en extraire l'or!

Souviens-toi que le Temps est un joueur avide
Qui gagne sans tricher, à tout coup! c'est la loi.

Le jour décroît; la nuit augmente; *souviens-toi!*
Le gouffre a toujours soif; la clepsydre se vide.

Tantôt sonnera l'heure où le divin Hasard,
Où l'auguste Vertu, ton épouse encor vierge,
Où le Repentir même (oh! la dernière auberge!),
Où tout te dira: Meurs, vieux lâche! il est trop tard!'

TABLEAUX PARISIENS

88 }*-- PAYSAGE

Je veux, pour composer chastement mes églogues,
Coucher auprès du ciel, comme les astrologues,
Et, voisin des clochers, écouter en rêvant
Leurs hymnes solennels emportés par le vent.
Les deux mains au menton, du haut de ma mansarde,
Je verrai l'atelier qui chante et qui bavarde;
Les tuyaux, les clochers, ces mâts de la cité,
Et les grands ciels qui font rêver d'éternité.

Il est doux, à travers les brumes, de voir naître
L'étoile dans l'azur, la lampe à la fenêtre,
Les fleuves de charbon monter au firmament
Et la lune verser son pâle enchantement.
Je verrai les printemps, les étés, les automnes,
Et quand viendra l'hiver aux neiges monotones,
Je fermerai partout portières et volets
Pour bâtir dans la nuit mes féeriques palais.
Alors je rêverai des horizons bleuâtres,
Des jardins, des jets d'eau pleurant dans les albâtres,
Des baisers, des oiseaux chantant soir et matin,
Et tout ce que l'Idylle a de plus enfantin.
L'Emeute, tempêtant vainement à ma vitre,
Ne fera pas lever mon front de mon pupitre;
Car je serai plongé dans cette volupté
D'évoquer le Printemps avec ma volonté,
De tirer un soleil de mon cœur, et de faire
De mes pensers brûlants une tiède atmosphère.

89 }*-- LE SOLEIL

Le long du vieux faubourg, où pendent aux masures
Les persiennes, abri des secrètes luxures,
Quand le soleil cruel frappe à traits redoublés
Sur la ville et les champs, sur les toits et les blés,

Je vais m'exercer seul à ma fantasque escrime,
Flairant dans tous les coins les hasards de la rime,
Trébuchant sur les mots comme sur les pavés,
Heurtant parfois des vers depuis longtemps rêvés.

Ce père nourricier, ennemi des chloroses,
Eveille dans les champs les vers comme les roses;
Il fait s'évaporer les soucis vers le ciel,
Et remplit les cerveaux et les ruches de miel.
C'est lui qui rajeunit les porteurs de béquilles
Et les rend gais et doux comme des jeunes filles,
Et commande aux moissons de croître et de mûrir
Dans le cœur immortel qui toujours veut fleurir!

Quand, ainsi qu'un poète, il descend dans les villes,
Il ennoblit le sort des choses les plus viles,
Et s'introduit en roi, sans bruit et sans valets,
Dans tous les hôpitaux et dans tous les palais.

90 }⅏--- A UNE MENDIANTE ROUSSE

Blanche fille aux cheveux roux,
Dont la robe par se trous
Laisse voir la pauvreté
      Et la beauté,

Pour moi, poète chétif,
Ton jeune corps maladif,
Plein de taches de rousseur,
      A sa douceur.

Tu portes plus galamment
Qu'une reine de roman
Ses cothurnes de velours
      Tes sabots lourds.

Au lieu d'un haillon trop court,
Qu'un superbe habit de cour
Traîne à plis bruyants et longs
    Sur tes talons;

En place de bas troués,
Que pour les yeux des roués
Sur ta jambe un poignard d'or
    Reluise encor;

Que des nœuds mal attachés
Dévoilent pour nos péchés
Tes deux beaux seins, radieux
    Comme des yeux;

Que pour te déshabiller
Tes bras se fassent prier
Et chassent à coups mutins
    Les doigts lutins;

Perles de la plus belle eau,
Sonnets de maître Belleau
Par tes galants mis aux fers
    Sans cesse offerts,

Valetaille de rimeurs
Te dédiant leurs primeurs
Et contemplant ton soulier
    Sous l'escalier,

Maint page épris du hasard,
Maint seigneur et maint Ronsard
Epieraient pour le déduit
    Ton frais réduit!

Tu compterais dans tes lits
Plus de baisers que de lis

Et rangerais sous tes lois
  Plus d'un Valois !

– Cependant tu vas gueusant
Quelque vieux débris gisant
Au seuil de quelque Véfour
  De carrefour ;

Tu vas lorgnant en dessous
Des bijoux de vingt-neuf sous
Dont je ne puis, oh ! pardon !
  Te faire don.

Va donc, sans autre ornement,
Parfum, perles, diamant,
Que ta maigre nudité,
  O ma beauté !

91 ⸎⸎⸎ LE CYGNE

A Victor Hugo

I

Andromaque, je pense à vous ! Ce petit fleuve,
Pauvre et triste miroir où jadis resplendit
L'immense majesté de vos douleurs de veuve,
Ce Simoïs menteur qui par vos pleurs grandit,

A fécondé soudain ma mémoire fertile,
Comme je traversais le nouveau Carrousel.
Le vieux Paris n'est plus (la forme d'une ville
Change plus vite, hélas ! que le cœur d'un mortel) ;

Je ne vois qu'en esprit tout ce camp de baraques,
Ces tas de chapiteaux ébauchés et de fûts,
Les herbes, les gros blocs verdis par l'eau des flaques,
Et, brillant aux carreaux, le bric-à-brac confus.

Là s'étalait jadis une ménagerie;
Là je vis, un matin, à l'heure où sous les cieux
Froids et clairs le Travail s'éveille, où la voirie
Pousse un sombre ouragan dans l'air silencieux,

Un cygne qui s'était évadé de sa cage,
Et, de ses pieds palmés frottant le pavé sec,
Sur le sol raboteux traînait son blanc plumage.
Près d'un ruisseau sans eau la bête ouvrant le bec

Baignait nerveusement ses ailes dans la poudre,
Et disait, le cœur plein de son beau lac natal:
'Eau, quand donc pleuvras-tu? quand tonneras-tu,
Je vois ce malheureux, mythe étrange et fatal, [foudre?'

Vers le ciel quelquefois, comme l'homme d'Ovide,
Vers le ciel ironique et cruellement bleu,
Sur son cou convulsif tendant sa tête avide,
Comme s'il adressait des reproches à Dieu!

2

Paris change! mais rien dans ma mélancolie
N'a bougé! palais neufs, échafaudages, blocs,
Vieux faubourgs, tout pour moi devient allégorie,
Et mes chers souvenirs sont plus lourds que des rocs.

Aussi devant ce Louvre une image m'opprime:
Je pense à mon grand cygne, avec ses gestes fous,
Comme les exilés, ridicule et sublime,
Et rongé d'un désir sans trêve! et puis à vous,

Andromaque, des bras d'un grand époux tombée,
Vil bétail, sous la main du superbe Pyrrhus,
Auprès d'un tombeau vide en extase courbée;
Veuve d'Hector, hélas! et femme d'Hélénus!

Je pense à la négresse, amaigrie et phthisique,
Piétinant dans la boue, et cherchant, l'œil hagard,
Les cocotiers absents de la superbe Afrique
Derrière la muraille immense du brouillard;

A quiconque a perdu ce qui ne se retrouve
Jamais, jamais! à ceux qui s'abreuvent de pleurs
Et tettent la Douleur comme une bonne louve!
Aux maigres orphelins séchant comme des fleurs!

Ainsi dans la forêt où mon esprit s'exile
Un vieux Souvenir sonne à plein souffle du cor!
Je pense aux matelots oubliés dans une île,
Aux captifs, aux vaincus!... à bien d'autres encor!

92 &--- LES SEPT VIEILLARDS

A Victor Hugo

Fourmillante cité, cité pleine de rêves,
Où le spectre, en plein jour, raccroche le passant!
Les mystères partout coulent comme des sèves
Dans les canaux étroits du colosse puissant.

Un matin, cependant que dans la triste rue
Les maisons, dont la brume allongeait la hauteur,
Simulaient les deux quais d'une rivière accrue,
Et que, décor semblable à l'âme de l'acteur,

Un brouillard sale et jaune inondait tout l'espace,
Je suivais, roidissant mes nerfs comme un héros
Et discutant avec mon âme déjà lasse,
Le faubourg secoué par les lourds tombereaux.

Tout à coup, un vieillard dont les guenilles jaunes
Imitaient la couleur de ce ciel pluvieux,
Et dont l'aspect aurait fait pleuvoir les aumônes,
Sans la méchanceté qui luisait dans ses yeux,

M'apparut. On eût dit sa prunelle trempée
Dans le fiel ; son regard aiguisait les frimas,
Et sa barbe à longs poils, roide comme une épée,
Se projetait, pareille à celle de Judas.

Il n'était pas voûté, mais cassé, son échine
Faisant avec sa jambe un parfait angle droit,
Si bien que son bâton, parachevant sa mine,
Lui donnait la tournure et le pas maladroit

D'un quadrupède infirme ou d'un juif à trois pattes.
Dans la neige et la boue il allait s'empêtrant,
Comme s'il écrasait des morts sous ses savates,
Hostile à l'univers plutôt qu'indifférent.

Son pareil le suivait: barbe, œil, dos, bâton, loques,
Nul trait ne distinguait, du même enfer venu,
Ce jumeau centenaire, et ces spectres baroques
Marchaient du même pas vers un but inconnu.

A quel complot infâme étais-je donc en butte,
Ou quel méchant hasard ainsi m'humiliait ?
Car je comptai sept fois, de minute en minute,
Ce sinistre vieillard qui se multipliait !

Que celui-là qui rit de mon inquiétude,
Et qui n'est pas saisi d'un frisson fraternel,
Songe bien que malgré tant de décrépitude
Ces sept monstres hideux avaient l'air éternel !

Aurais-je, sans mourir, contemplé le huitième,
Sosie inexorable, ironique et fatal,
Dégoûtant Phénix, fils et père de lui-même ?
– Mais je tournai le dos au cortège infernal.

Exaspéré comme un ivrogne qui voit double,
Je rentrai, je fermai ma porte, épouvanté,

Malade et morfondu, l'esprit fiévreux et trouble,
Blessé par le mystère et par l'absurdité!

Vainement ma raison voulait prendre la barre;
La tempête en jouant déroutait ses efforts,
Et mon âme dansait, dansait, vieille gabarre
Sans mâts, sur une mer monstrueuse et sans bords!

93 LES PETITES VIEILLES

A Victor Hugo

I

Dans les plis sinueux des vieilles capitales,
Où tout, même l'horreur, tourne aux enchantements,
Je guette, obéissant à mes humeurs fatales,
Des êtres singuliers, décrépits et charmants.

Ces monstres disloqués furent jadis des femmes,
Eponine ou Laïs! Monstres brisés, bossus
Ou tordus, aimons-les! ce sont encor des âmes.
Sous des jupons troués ou sous de froids tissus

Ils rampent, flagellés par les bises iniques,
Frémissant au fracas roulant des omnibus,
Et serrant sur leur flanc, ainsi que des reliques,
Un petit sac brodé de fleurs ou de rébus;

Ils trottent, tout pareils à des marionnettes;
Se traînent, comme font les animaux blessés,
Ou dansent, sans vouloir danser, pauvres sonnettes
Où se pend un Démon sans pitié! Tout cassés

Qu'ils sont, ils ont des yeux perçants comme une vrille,
Luisants comme ces trous où l'eau dort dans la nuit;
Ils ont les yeux divins de la petite fille
Qui s'étonne et qui rit à tout ce qui reluit.

– Avez-vous observé que maints cercueils de vieilles
Sont presque aussi petits que celui d'un enfant?
La Mort savante met dans ces bières pareilles
Un symbole d'un goût bizarre et captivant,

Et lorsque j'entrevois un fantôme débile
Traversant de Paris le fourmillant tableau,
Il me semble toujours que cet être fragile
S'en va tout doucement vers un nouveau berceau;

A moins que, méditant sur la géométrie,
Je ne cherche, à l'aspect de ces membres discords,
Combien de fois il faut que l'ouvrier varie
La forme de la boîte où l'on met tous ces corps.

– Ces yeux sont des puits faits d'un million de larmes,
Des creusets qu'un métal refroidi pailleta...
Ces yeux mystérieux ont d'invincibles charmes
Pour celui que l'austère Infortune allaita!

2

De Frascati défunt Vestale enamourée;
Prêtresse de Thalie, hélas! dont le souffleur
Enterré sait le nom; célèbre évaporée
Que Tivoli jadis ombragea dans sa fleur,

Toutes m'enivrent! mais parmi ces êtres frêles
Il en est qui, faisant de la douleur un miel,
Ont dit au Dévouement qui leur prêtait ses ailes:
Hippogriffe puissant, mène-moi jusqu'au ciel!

L'une, par sa patrie au malheur exercée,
L'autre, que son époux surchargea de douleurs,
L'autre, par son enfant Madone transpercée,
Toutes auraient pu faire un fleuve avec leurs pleurs!

3

Ah! que j'en ai suivi de ces petites vieilles!
Une, entre autres, à l'heure où le soleil tombant
Ensanglante le ciel de blessures vermeilles,
Pensive, s'asseyait à l'écart sur un banc,

Pour entendre un de ces concerts, riches de cuivre,
Dont les soldats parfois inondent nos jardins,
Et qui, dans ces soirs d'or où l'on se sent revivre,
Versent quelque héroïsme au cœur des citadins.

Celle-là, droite encor, fière et sentant la règle,
Humait avidement ce chant vif et guerrier;
Son œil parfois s'ouvrait comme l'œil d'un vieil aigle;
Son front de marbre avait l'air fait pour le laurier!

4

Telles vous cheminez, stoïques et sans plaintes.
A travers le chaos des vivantes cités,
Mères au cœur saignant, courtisanes ou saintes.
Dont autrefois les noms par tous étaient cités.

Vous qui fûtes la grâce ou qui fûtes la gloire,
Nul ne vous reconnaît! un ivrogne incivil
Vous insulte en passant d'un amour dérisoire;
Sur vos talons gambade un enfant lâche et vil.

Honteuses d'exister, ombres ratatinées,
Peureuses, le dos bas, vous côtoyez les murs;
Et nul ne vous salue, étranges destinées!
Débris d'humanité pour l'éternité mûrs!

Mais moi, moi qui de loin tendrement vous surveille,
L'œil inquiet fixé sur vos pas incertains,
Tout comme si j'étais votre père, ô merveille!
Je goûte à votre insu des plaisirs clandestins:

Je vois s'épanouir vos passions novices;
Sombres ou lumineux, je vis vos jours perdus;
Mon cœur multiplié jouit de tous vos vices!
Mon âme resplendit de toutes vos vertus!

Ruines! ma famille! ô cerveaux congénères!
Je vous fais chaque soir un solennel adieu!
Où serez-vous demain, Eves octogénaires,
Sur qui pèse la griffe effroyable de Dieu?

94 ﷼— LES AVEUGLES

Contemple-les, mon âme; ils sont vraiment affreux!
Pareils aux mannequins; vaguement ridicules;
Terribles, singuliers, comme les somnambules;
Dardant on ne sait où leurs globes ténébreux.

Leurs yeux, d'où la divine étincelle est partie,
Comme s'ils regardaient au loin, restent levés
Au ciel; on ne les voit jamais vers les pavés
Pencher rêveusement leur tête appesantie.

Ils traversent ainsi le noir illimité,
Ce frère du silence éternel. O cité!
Pendant qu'autour de nous tu chantes, ris et beugles,

Eprise du plaisir jusqu'à l'atrocité,
Vois! je me traîne aussi! mais, plus qu'eux hébété,
Je dis: Que cherchent-ils au Ciel, tous ces aveugles?

95 ﷼— A UNE PASSANTE

La rue assourdissante autour de moi hurlait.
Longue, mince, en grand deuil, douleur majestueuse,
Une femme passa, d'une main fastueuse
Soulevant, balançant le feston et l'ourlet;

Agile et noble, avec sa jambe de statue.
Moi, je buvais, crispé comme un extravagant,
Dans son œil, ciel livide où germe l'ouragan,
La douceur qui fascine et le plaisir qui tue.

Un éclair... puis la nuit! – Fugitive beauté
Dont le regard m'a fait soudainement renaître,
Ne te verrai-je plus que dans l'éternité?

Ailleurs, bien loin d'ici! trop tard! *jamais* peut-être!
Car j'ignore où tu fuis, tu ne sais où je vais,
O toi que j'eusse aimée, ô toi qui le savais!

96 ⟩⊷⋯ LE SQUELETTE LABOUREUR

I

Dans les planches d'anatomie
Qui traînent sur ces quais poudreux
Où maint livre cadavéreux
Dort comme une antique momie,

Dessins auxquels la gravité
Et le savoir d'un vieil artiste,
Bien que le sujet en soit triste,
Ont communiqué la Beauté,

On voit, ce qui rend plus complètes
Ces mystérieuses horreurs,
Bêchant comme des laboureurs,
Des Ecorchés et des Squelettes.

2

De ce terrain que vous fouillez,
Manants résignés et funèbres,
De tout l'effort de vos vertèbres,
Ou de vos muscles dépouillés,

Dites, quelle moisson étrange,
Forçats arrachés au charnier,
Tirez-vous, et de quel fermier
Avez-vous à remplir la grange?

Voulez-vous (d'un destin trop dur
Epouvantable et clair emblème!)
Montrer que dans la fosse même
Le sommeil promis n'est pas sûr;

Qu'envers nous le Néant est traître;
Que tout, même la Mort, nous ment,
Et que semipiternellement,
Hélas! il nous faudra peut-être

Dans quelque pays inconnu
Ecorcher la terre revêche
Et pousser une lourde bêche
Sous notre pied sanglant et nu?

97 ⋙-- L E C R E P U S C U L E D U S O I R

Voici le soir charmant, ami du criminel;
Il vient comme un complice, à pas de loup; le ciel
Se ferme lentement comme une grande alcôve,
Et l'homme impatient se change en bête fauve.

O soir, aimable soir, désiré par celui
Dont les bras, sans mentir, peuvent dire: Aujourd'hui
Nous avons travaillé! – C'est le soir qui soulage
Les esprits que dévore une douleur sauvage,
Le savant obstiné dont le front s'alourdit,
Et l'ouvrier courbé qui regagne son lit.
Cependant des démons malsains dans l'atmosphère
S'éveillent lourdement, comme des gens d'affaire,
Et cognent en volant les volets et l'auvent.

A travers les lueurs que tourmente le vent
La Prostitution s'allume dans les rues;
Comme une fourmilière elle ouvre ses issues;
Partout elle se fraye un occulte chemin,
Ainsi que l'ennemi qui tente un coup de main;
Elle remue au sein de la cité de fange
Comme un ver qui dérobe à l'Homme ce qu'il mange.
On entend çà et là les cuisines siffler,
Les théâtres glapir, les orchestres ronfler;
Les tables d'hôte, dont le jeu fait les délices,
S'emplissent de catins et d'escrocs, leurs complices,
Et les voleurs, qui n'ont ni trêve ni merci,
Vont bientôt commencer leur travail, eux aussi,
Et forcer doucement les portes et les caisses
Pour vivre quelques jours et vêtir leurs maîtresses.

Recueille-toi, mon âme, en ce grave moment,
Et ferme ton oreille à ce rugissement.
C'est l'heure où les douleurs des malades s'aigrissent!
La sombre Nuit les prend à la gorge; ils finissent
Leur destinée et vont vers le gouffre commun;
L'hôpital se remplit de leurs soupirs. – Plus d'un
Ne viendra plus chercher la soupe parfumée,
Au coin du feu, le soir, auprès d'une âme aimée.

Encore la plupart n'ont-ils jamais connu
La douceur du foyer et n'ont jamais vécu!

98 ⚜— LE JEU

Dans des fauteuils fanés des courtisanes vieilles,
Pâles, le sourcil peint, l'œil câlin et fatal,
Minaudant, et faisant de leurs maigres oreilles
Tomber un cliquetis de pierre et de métal;

Autour des verts tapis des visages sans lèvre,
Des lèvres sans couleur, des mâchoires sans dent,
Et des doigts convulsés d'une infernale fièvre,
Fouillant la poche vide ou le sein palpitant;

Sous de sales plafonds un rang de pâles lustres
Et d'énormes quinquets projetant leurs lueurs
Sur des fronts ténébreux de poètes illustres
Qui viennent gaspiller leurs sanglantes sueurs;

Voilà le noir tableau qu'en un rêve nocturne
Je vis se dérouler sous mon œil clairvoyant.
Moi-même, dans un coin de l'antre taciturne,
Je me vis accoudé, froid, muet, enviant,

Enviant de ces gens la passion tenace,
De ces vieilles putains la funèbre gaieté,
Et tous gaillardement trafiquant à ma face,
L'un de son vieil honneur, l'autre de sa beauté!

Et mon cœur s'effraya d'envier maint pauvre homme
Courant avec ferveur à l'abîme béant,
Et qui, soûl de son sang, préférerait en somme
La douleur à la mort et l'enfer au néant!

99 ⚜— DANSE MACABRE

A Ernest Christophe

Fière, autant qu'un vivant, de sa noble stature,
Avec son gros bouquet, son mouchoir et ses gants,
Elle a la nonchalance et la désinvolture
D'une coquette maigre aux airs extravagants.

Vit-on jamais au bal une taille plus mince?
Sa robe exagérée, en sa royale ampleur,

S'écroule abondamment sur un pied sec que pince
Un soulier pomponné, joli comme une fleur.

La ruche qui se joue au bord des clavicules,
Comme un ruisseau lascif qui se frotte au rocher,
Défend pudiquement des lazzi ridicules
Les funèbres appas qu'elle tient à cacher.

Ses yeux profonds sont faits de vide et de ténèbres,
Et son crâne, de fleurs artistement coiffé,
Oscille mollement sur ses frêles vertèbres.
O charme d'un néant follement attifé!

Aucuns t'appelleront une caricature,
Qui ne comprennent pas, amants ivres de chair,
L'élégance sans nom de l'humaine armature.
Tu réponds, grand squelette, à mon goût le plus cher!

Viens-tu troubler, avec ta puissante grimace,
La fête de la Vie? ou quelque vieux désir,
Eperonnant encor ta vivante carcasse,
Te pousse-t-il, crédule, au sabbat du Plaisir?

Au chant des violons, aux flammes des bougies,
Espères-tu chasser ton cauchemar moqueur,
Et viens-tu demander au torrent des orgies
De rafraîchir l'enfer allumé dans ton cœur?

Inépuisable puits de sottise et de fautes!
De l'antique douleur éternel alambic!
A travers le treillis recourbé de tes côtes
Je vois, errant encor, l'insatiable aspic.

Pour dire vrai, je crains que ta coquetterie
Ne trouve pas un prix digne de ses efforts;
Qui, de ces cœurs mortels, entend la raillerie?
Les charmes de l'horreur n'enivrent que les forts!

Le gouffre de tes yeux, plein d'horribles pensées,
Exhale le vertige, et les danseurs prudents
Ne contempleront pas sans d'amères nausées
Le sourire éternel de tes trente-deux dents.

Pourtant, qui n'a serré dans ses bras un squelette,
Et qui ne s'est nourri des choses du tombeau?
Qu'importe le parfum, l'habit ou la toilette?
Qui fait le dégoûté montre qu'il se croit beau.

Bayadère sans nez, irrésistible gouge,
Dis donc à ces danseurs qui font les offusqués:
'Fiers mignons, malgré l'art des poudres et du rouge,
Vous sentez tous la mort! O squelettes musqués,

Antinoüs flétris, dandys à face glabre,
Cadavres vernissés, lovelaces chenus,
Le branle universel de la danse macabre
Vous entraîne en des lieux qui ne sont pas connus!

Des quais froids de la Seine aux bords brûlants du
Le troupeau mortel saute et se pâme, sans voir [Gange,
Dans un trou du plafond la trompette de l'Ange
Sinistrement béante ainsi qu'un tromblon noir.

En tout climat, sous tout soleil, la Mort t'admire
En tes contorsions, risible Humanité,
Et souvent, comme toi, se parfumant de myrrhe,
Mêle son ironie à ton insanité!'

100 ⟨⟩ L'AMOUR DU MENSONGE

Quand je te vois passer, ô ma chère indolente,
Au chant des instruments qui se brise au plafond
Suspendant ton allure harmonieuse et lente,
Et promenant l'ennui de ton regard profond;

Quand je contemple, aux feux du gaz qui le colore,
Ton front pâle, embelli par un morbide attrait,
Où les torches du soir allument une aurore,
Et tes yeux attirants comme ceux d'un portrait,

Je me dis: Qu'elle est belle! et bizarrement fraîche!
Le souvenir massif, royale et lourde tour,
La couronne, et son cœur, meurtri comme une pêche,
Est mûr, comme son corps, pour le savant amour.

Es-tu le fruit d'automne aux saveurs souveraines?
Es-tu vase funèbre attendant quelques pleurs,
Parfum qui fait rêver aux oasis lointaines,
Oreiller caressant, ou corbeille de fleurs?

Je sais qu'il est des yeux, des plus mélancoliques,
Qui ne recèlent point de secrets précieux;
Beaux écrins sans joyaux, médaillons sans reliques,
Plus vides, plus profonds que vous-mêmes, ô Cieux!

Mais ne suffit-il pas que tu sois l'apparence,
Pour réjouir un cœur qui fuit la vérité?
Qu'importe ta bêtise ou ton indifférence?
Masque ou décor, salut! J'adore ta beauté.

101 — Je n'ai pas oublié, voisine de la ville,
Notre blanche maison, petite mais tranquille;
Sa Pomone de plâtre et sa vieille Vénus
Dans un bosquet chétif cachant leurs membres nus,
Et le soleil, le soir, ruisselant et superbe,
Qui, derrière la vitre où se brisait sa gerbe,
Semblait, grand œil ouvert dans le ciel curieux,
Contempler nos dîners longs et silencieux,
Répandant largement ses beaux reflet de cierge
Sur la nappe frugale et les rideaux de serge.

102 }&--- La servante au grand cœur dont vous étiez jalouse,
Et qui dort son sommeil sous une humble pelouse,
Nous devrions pourtant lui porter quelques fleurs.
Les morts, les pauvres morts, ont de grandes douleurs,
Et quand Octobre souffle, émondeur des vieux arbres,
Son vent mélancolique à l'entour de leurs marbres,
Certe, ils doivent trouver les vivants bien ingrats,
A dormir, comme ils font, chaudement dans leurs draps,
Tandis que, dévorés de noires songeries,
Sans compagnon de lit, sans bonnes causeries,
Vieux squelettes gelés travaillés par le ver,
Ils sentent s'égoutter les neiges de l'hiver
Et le siècle couler, sans qu'amis ni famille
Remplacent les lambeaux qui pendent à leur grille.

Lorsque la bûche siffle et chante, si le soir,
Calme, dans le fauteuil, je la voyais s'asseoir,
Si, par une nuit bleue et froide de décembre,
Je la trouvais tapie en un coin de ma chambre,
Grave, et venant du fond de son lit éternel
Couver l'enfant grandi de son œil maternel,
Que pourrais-je répondre à cette âme pieuse,
Voyant tomber des pleurs de sa paupière creuse?

103 }&--- B R U M E S   E T   P L U I E S

O fins d'automne, hivers, printemps trempés de boue,
Endormeuses saisons! je vous aïme et vous loue
D'envelopper ainsi mon cœur et mon cerveau
D'un linceul vaporeux et d'un vague tombeau.

Dans cette grande plaine où l'autan froid se joue,
Où par les longues nuits la giroutte s'enroue,
Mon âme mieux qu'au temps du tiède renouveau
Ouvrira largement ses ailes de corbeau.

283

Rien n'est plus doux au cœur plein de choses funèbres,
Et sur qui dès longtemps descendent les frimas,
O blafardes saisons, reines de nos climats,

Que l'aspect permanent de vos pâles ténèbres,
– Si ce n'est, par un soir sans lune, deux à deux,
D'endormir la douleur sur un lit hasardeux.

104)﹣﹣ R E V E   P A R I S I E N

A Constantin Guys

I

De ce terrible paysage,
Tel que jamais mortel n'en vit,
Ce matin encore l'image,
Vague et lointaine, me ravit.

Le sommeil est plein de miracles!
Par un caprice singulier,
J'avais banni de ces spectacles
Le végétal irrégulier,

Et, peintre fier de mon génie,
Je savourais dans mon tableau
L'enivrante monotonie
Du métal, du marbre et de l'eau.

Babel d'escaliers et d'arcades,
C'était un palais infini,
Plein de bassins et de cascades
Tombant dans l'or mat ou bruni;

Et des cataractes pesantes,
Comme des rideaux de cristal,
Se suspendaient, éblouissantes,
A des murailles de métal.

Non d'arbres, mais de colonnades
Les étangs dormants s'entouraient,
Où de gigantesques naïades,
Comme des femmes, se miraient.

Des nappes d'eau s'épanchaient, bleues,
Entre des quais roses et verts,
Pendant des millions de lieues,
Vers les confins de l'univers;

C'étaient des pierres inouïes
Et des flots magiques; c'étaient
D'immenses glaces éblouies
Par tout ce qu'elles reflétaient!

Insouciants et taciturnes,
Des Ganges, dans le firmament,
Versaient le trésor de leurs urnes
Dans des gouffres de diamant.

Architecte de mes féeries,
Je faisais, à ma volonté,
Sous un tunnel de pierreries
Passer un océan dompté;

Et tout, même la couleur noire,
Semblait fourbi, clair, irisé;
Le liquide enchâssait sa gloire
Dans le rayon cristallisé.

Nul astre d'ailleurs, nuls vestiges
De soleil, même au bas du ciel,
Pour illuminer ces prodiges,
Qui brillaient d'un feu personnel!

Et sur ces mouvantes merveilles
Planait (terrible nouveauté!

Tout pour l'œil, rien pour les oreilles!)
Un silence d'éternité.

2

En rouvrant mes yeux pleins de flamme
J'ai vu l'horreur de mon taudis,
Et senti, rentrant dans mon âme,
La pointe des soucis maudits;

La pendule aux accents funèbres
Sonnait brutalement midi,
Et le ciel versait des ténèbres
Sur le triste monde engourdi.

105]⚜--LE CREPUSCULE DU MATIN

La diane chantait dans les cours des casernes,
Et le vent du matin soufflait sur les lanternes.

C'était l'heure où l'essaim des rêves malfaisants
Tord sur leurs oreillers les bruns adolescents;
Où, comme un œil sanglant qui palpite et qui bouge,
La lampe sur le jour fait une tache rouge;
Où l'âme, sous le poids du corps revêche et lourd,
Imite les combats de la lampe et du jour.
Comme un visage en pleurs que les brises essuient,
L'air est plein du frisson des choses qui s'enfuient,
Et l'homme est las d'écrire et la femme d'aimer.

Les maisons çà et là commençaient à fumer.
Les femmes de plaisir, la paupière livide,
Bouche ouverte, dormaient de leur sommeil stupide;
Les pauvresses, traînant leurs seins maigres et froids,
Soufflaient sur leurs tisons et soufflaient sur leurs doigts.
C'était l'heure où parmi le froid et la lésine
S'aggravent les douleurs des femmes en gésine;

286

Comme un sanglot coupé par un sang écumeux
Le chant du coq au loin déchirait l'air brumeux;
Une mer de brouillards baignait les édifices,
Et les agonisants dans le fond des hospices
Poussaient leur dernier râle en hoquets inégaux.
Les débauchés rentraient, brisés par leurs travaux.

L'aurore grelottante en robe rose et verte
S'avançait lentement sur la Seine déserte,
Et le sombre Paris, en se frottant les yeux,
Empoignait ses outils, vieillard laborieux.

LE VIN

106 ⟩⊷— L'AME DU VIN

Un soir, l'âme du vin chantait dans les bouteilles:
'Homme, vers toi je pousse, ô cher déshérité,
Sous ma prison de verre et mes cires vermeilles,
Un chant plein de lumière et de fraternité!

Je sais combien il faut, sur la colline en flamme,
De peine, de sueur et de soleil cuisant
Pour engendrer ma vie et pour me donner l'âme;
Mais je ne serai point ingrat ni malfaisant,

Car j'éprouve une joie immense quand je tombe
Dans le gosier d'un homme usé par ses travaux,
Et sa chaude poitrine est une douce tombe
Où je me plais bien mieux que dans mes froids caveaux.

Entends-tu retentir les refrains des dimanches
Et l'espoir qui gazouille en mon sein palpitant?
Les coudes sur la table et retroussant tes manches,
Tu me glorifieras et tu seras content;

J'allumerai les yeux de ta femme ravie;
A ton fils je rendrai sa force et ses couleurs
Et serai pour ce frêle athlète de la vie
L'huile qui raffermit les muscles des lutteurs.

En toi je tomberai, végétale ambroisie,
Grain précieux jeté par l'éternel Semeur,
Pour que de notre amour naisse la poésie
Qui jaillira vers Dieu comme une rare fleur!'

107 ⟩⊷— LE VIN DES CHIFFONNIERS

Souvent, à la clarté rouge d'un réverbère
Dont le vent bat la flamme et tourmente la verre,

Au cœur d'un vieux faubourg, labyrinthe fangeux
Où l'humanité grouille en ferments orageux,

On voit un chiffonnier qui vient, hochant la tête,
Buttant, et se cognant aux murs comme un poète,
Et, sans prendre souci des mouchards, ses sujets,
Epanche tout son cœur en glorieux projets.

Il prête des serments, dicte des lois sublimes,
Terrasse les méchants, relève les victimes,
Et sous le firmament comme un dais suspendu
S'enivre des splendeurs de sa propre vertu.

Oui, ces gens harcelés de chagrins de ménage,
Moulus par le travail et tourmentés par l'age,
Ereintés et pliant sous un tas de débris,
Vomissement confus de l'énorme Paris,

Reviennent, parfumés d'une odeur de futailles,
Suivis de campagnons, blanchis dans les batailles,
Dont la moustache pend comme les vieux drapeaux.
Les bannières, les fleurs et les arcs triomphaux

Se dressent devant eux, solennelle magie!
Et dans l'étourdissante et lumineuse orgie
Des clairons, du soleil, des cris et du tambour,
Ils apportent la gloire au peuple ivre d'amour!

C'est ainsi qu'à travers l'Humanité frivole
Le vin roule de l'or, éblouissant Pactole;
Par le gosier de l'homme il chante ses exploits
Et règne par ses dons ainsi que les vrais rois.

Pour noyer la rancœur et bercer l'indolence
De tous ces vieux maudits qui meurent en silence,
Dieu, touché de remords, avait fait le sommeil;
L'Homme ajouta le Vin, fils sacré du Soleil!

108 ⁂— LE VIN DE L'ASSASSIN

Ma femme est morte, je suis libre!
Je puis donc boire tout mon soûl.
Lorsque je rentrais sans un sou,
Ses cris me déchiraient la fibre.

Autant qu'un roi je suis heureux;
L'air est pur, le ciel admirable ...
Nous avions un été semblable
Lorsque j'en devins amoureux!

L'horrible soif qui me déchire
Aurait besoin pour s'assouvir
D'autant de vin qu'en peut tenir
Son tombeau; – ce n'est pas peu dire:

Je l'ai jetée au fond d'un puits,
Et j'ai même poussé sur elle
Tous les pavés de la margelle.
– Je l'oublierai si je le puis!

Au nom des serments de tendresse,
Dont rien ne peut nous délier,
Et pour nous réconcilier
Comme au beau temps de notre ivresse,

J'implorai d'elle un rendez-vous,
Le soir, sur une route obscure.
Elle y vint! – folle créature!
Nous sommes tous plus ou moins fous!

Elle était encore jolie,
Quoique bien fatiguée! et moi,
Je l'aimais trop! voilà pourquoi
Je lui dis: Sors de cette vie!

Nul ne peut me comprendre. Un seul
Parmi ces ivrognes stupides
Songea-t-il dans ses nuits morbides
A faire du vin un linceul?

Cette crapule invulnérable
Comme les machines de fer
Jamais, ni l'été ni l'hiver,
N'a connu l'amour véritable,

Avec ses noirs enchantements,
Son cortége infernal d'alarmes,
Ses fioles de poison, ses larmes,
Ses bruits de chaîne et d'ossements!

– Me voilà libre et solitaire!
Je serai ce soir ivre mort;
Alors, sans peur et sans remord,
Je me coucherai sur la terre,

Et je dormirai comme un chien!
Le chariot aux lourdes roues
Chargé de pierres et de boues,
Le wagon enragé peut bien

Ecraser ma tête coupable
Ou me couper par le milieu,
Je m'en moque comme de Dieu,
Du Diable ou de la Sainte-Table!

109 }⅜←⋯ LE VIN DU SOLITAIRE

Le regard singulier d'une femme galante
Qui se glisse vers nous comme le rayon blanc
Que la lune onduleuse envoie au lac tremblant,
Quand elle y veut baigner sa beauté nonchalante;

Le dernier sac d'écus dans les doigts d'un joueur;
Un baiser libertin de la maigre Adeline;
Les sons d'une musique énervante et câline,
Semblable au cri lointain de l'humaine douleur,

Tout cela ne vaut pas, ô bouteille profonde,
Les baumes pénétrants que ta panse féconde
Garde au cœur altéré du poète pieux;

Tu lui verses l'espoir, la jeunesse et la vie,
– Et l'orgueil, ce trésor de toute gueuserie,
Qui nous rend triomphants et semblables aux Dieux!

110 ⁑⋅⋅LE VIN DES AMANTS

Aujourd'hui l'espace est splendide!
Sans mors, sans éperons, sans bride,
Partons à cheval sur le vin
Pour un ciel féerique et divin!

Comme deux anges que torture
Une implacable calenture,
Dans le bleu cristal du matin
Suivons le mirage lointain!

Mollement balancés sur l'aile
Du tourbillon intelligent,
Dans un délire parallèle,

Ma sœur, côte à côte nageant,
Nous fuirons sans repos ni trêves
Vers le paradis de mes rêves!

Fleurs
du Mal

111 ❦--La Destruction

Sans cesse à mes côtés s'agite le Démon;
Il nage autour de moi comme un air impalpable;
Je l'avale et le sens qui brûle mon poumon
Et l'emplit d'un désir éternel et coupable.

Parfois il prend, sachant mon grand amour de l'Art,
La forme de la plus séduisante des femmes,
Et, sous de spécieux prétextes de cafard,
Accoutume ma lèvre à des philtres infâmes.

Il me conduit ainsi, loin du regard de Dieu,
Haletant et brisé de fatigue, au milieu
Des plaines de l'Ennui, profondes et désertes,

Et jette dans mes yeux pleins de confusion
Des vêtements souillés, des blessures ouvertes,
Et l'appareil sanglant de la Destruction!

112 ❦--Une Martyre

DESSIN D'UN MAITRE INCONNU

Au milieu des flacons, des étoffes lamées
    Et des meubles voluptueux,
Des marbres, des tableaux, des robes parfumées
    Qui traînent à plis somptueux,

Dans une chambre tiède où, comme en une serre,
    L'air est dangereux et fatal,
Où des bouquets mourants dans leurs cercueils de verre
    Exhalent leur soupir final,

Un cadavre sans tête épanche, comme un fleuve,
    Sur l'oreiller désaltéré

Un sang rouge et vivant, dont la toile s'abreuve
    Avec l'avidité d'un pré.

Semblable aux visions pâles qu'enfante l'ombre
    Et qui nous enchaînent les yeux,
La tête, avec l'amas de sa crinière sombre
    Et de ses bijoux précieux,

Sur la table de nuit, comme une renoncule,
    Repose; et, vide de pensers,
Un regard vague et blanc comme le crépuscule
    S'échappe des yeux révulsés.

Sur le lit, le tronc nu sans scrupules étale
    Dans le plus complet abandon
La secrète splendeur et la beauté fatale
    Dont la nature lui fit don;

Un bas rosâtre, orné de coins d'or, à la jambe,
    Comme un souvenir est resté;
La jarretière, ainsi qu'un œil secret qui flambe,
    Darde un regard diamanté.

Le singulier aspect de cette solitude
    Et d'un grand portrait langoureux,
Aux yeux provocateurs comme son attitude,
    Révèle un amour ténébreux,

Une coupable joie et des fêtes étranges
    Pleines de baisers infernaux,
Dont se réjouissait l'essaim de mauvais anges
    Nageant dans les plis des rideaux;

Et cependant, à voir la maigreur élégante
    De l'épaule au contour heurté,
La hanche un peu pointue et la taille fringante
    Ainsi qu'un reptile irrité,

Elle est bien jeune encor! – Son âme exaspérée
 Et ses sens par l'ennui mordus
S'étaient-ils entr'ouverts à la meute altérée
 Des désirs errants et perdus?

L'homme vindicatif que tu n'as pu, vivante,
 Malgré tant d'amour, assouvir,
Combla-t-il sur ta chair inerte et complaisante
 L'immensité de son désir?

Réponds, cadavre impur! et par tes tresses roides
 Te soulevant d'un bras fiévreux,
Dis-moi, tête effrayante, a-t-il sur tes dents froides
 Collé les suprêmes adieux?

– Loin du monde railleur, loin de la foule impure,
 Loin des magistrats curieux,
Dors en paix, dors en paix, étrange créature,
 Dans ton tombeau mystérieux;

Ton époux court le monde, et ta forme immortelle
 Veille près de lui quand il dort;
Autant que toi sans doute il te sera fidèle,
 Et constant jusques à la mort.

113   LESBOS

Mère des jeux latins et des voluptés grecques,
Lesbos, où les baisers, languissants ou joyeux,
Chauds comme les soleils, frais comme les pastèques,
Font l'ornement des nuits et des jours glorieux;
Mère des jeux latins et des voluptés grecques,

Lesbos, où les baisers sont comme les cascades
Qui se jettent sans peur les gouffres sans fonds.
Et courent, sanglotant et gloussant par saccades,

Orageux et secrets, fourmillants et profonds;
Lesbos, où les baisers sont comme les cascades!

Lesbos, où les Phrynés l'une l'autre s'attirent,
Où jamais un soupir ne resta sans écho,
A l'égal de Paphos les étoiles t'admirent,
Et Vénus à bon droit peut jalouser Sapho!
Lesbos, où les Phrynés l'une l'autre s'attirent,

Lesbos, terre des nuits chaudes et langoureuses,
Qui font qu'à leurs miroirs, stérile volupté!
Les filles aux yeux creux, de leurs corps amoureuses,
Caressent les fruits mûrs de leur nubilité;
Lesbos, terre des nuits chaudes et langoureuses,

Laisse du vieux Platon se froncer l'œil austère;
Tu tires ton pardon de l'excès des baisers,
Reine du doux empire, aimable et noble terre,
Et des raffinements toujours inépuisés.
Laisse du vieux Platon se froncer l'œil austère.

Tu tires ton pardon de l'éternel martyre,
Infligé sans relâche aux cœurs ambitieux,
Qu'attire loin de nous le radieux sourire
Entrevu vaguement au bord des autres cieux!
Tu tires ton pardon de l'éternel martyre!

Qui des Dieux osera, Lesbos, être ton juge
Et condamner ton front pâli dans les travaux,
Si ses balances d'or n'ont pesé le déluge
De larmes qu'à la mer ont versé tes ruisseaux?
Qui des Dieux osera, Lesbos, être ton juge!

Que nous veulent les lois du juste et de l'injuste?
Vierges au cœur sublime, honneur de l'archipel,
Votre religion comme une autre est auguste,

Et l'amour se rira de l'Enfer et du Ciel!
Que nous veulent les lois du juste et de l'injuste?

Car Lesbos entre tous m'a choisi sur la terre
Pour chanter le secret de ses vierges en fleurs,
Et je fus dès l'enfance admis au noir mystère
Des rires effrénés mêlés aux sombres pleurs;
Car Lesbos entre tous m'a choisi sur la terre.

Et dupuis lors je veille au sommet de Leucate,
Comme une sentinelle à l'œil perçant et sûr,
Qui guette nuit et jour brick, tartane ou frégate,
Dont les formes au loin frissonnent dans l'azur;
Et depuis lors je veille au sommet de Leucate

Pour savoir si la mer est indulgente et bonne,
Et parmi les sanglots dont le roc retentit
Un soir ramènera vers Lesbos, qui pardonne,
Le cadavre adoré de Sapho, qui partit,
Pour savoir si la mer est indulgente et bonne!

De la mâle Sapho, l'amante et le poète,
Plus belle que Vénus par ses mornes pâleurs!
– L'œil d'azur est vaincu par l'œil noir que tachète
Le cercle ténébreux tracé par les douleurs
De la mâle Sapho, l'amante et le poète!

– Plus belle que Vénus se dressant sur le monde
Et versant les trésors de sa sérénité
Et le rayonnement de sa jeunesse blonde
Sur le vieil Océan de sa fille enchanté;
Plus belle que Vénus se dressant sur le monde!

– De Sapho qui mourut le jour de son blasphème,
Quand, insultant le rite et le culte inventé,
Elle fit son beau corps la pâture suprême

303

D'un brutal dont l'orgueil punit l'impiété
De celle qui mourut le jour de son blasphème.

Et c'est depuis ce temps que Lesbos se lamente,
Et malgré les honneurs que lui rend l'univers,
S'enivre chaque nuit du cri de la tourmente
Que poussent vers les cieux ses rivages déserts!
Et c'est depuis ce temps que Lesbos se lament!

114 &-- FEMMES DAMNEES

DELPHINE ET HIPPOLYTE

A la pâle clarté des lampes languissantes,
Sur de profonds coussins tout imprégnés d'odeur,
Hippolyte rêvait aux caresses puissantes
Qui levaient le rideau de sa jeune candeur.

Elle cherchait, d'un œil troublé par la tempête,
De sa naïveté le ciel déjà lointain,
Ainsi qu'un voyageur qui retourne la tête
Vers les horizons bleus dépassés le matin.

De ses yeux amortis les paresseuses larmes,
L'air brisé, la stupeur, la morne volupté,
Ses bras vaincus, jetés comme de vaines armes,
Tout servait, tout parait sa fragile beauté.

Etendue à ses pieds, calme et pleine de joie,
Delphine la couvait avec des yeux ardents,
Comme un animal fort qui surveille une proie,
Après l'avoir d'abord marquée avec les dents.

Beauté forte à genoux devant la beauté frêle,
Superbe, elle humait voluptueusement
Le vin de son triomphe, et s'allongeait vers elle,
Comme pour recueillir un doux remerciement.

Elle cherchait dans l'œil de sa pâle victime
Le cantique muet que chante le plaisir,
Et cette gratitude infinie et sublime
Qui sort de la paupière ainsi qu'un long soupir.

– 'Hippolyte, cher cœur, que dis-tu de ces choses?
Comprends-tu maintenant qu'il ne faut pas offrir
L'holocauste sacré de tes premières roses
Aux souffles violents qui pourraient les flétrir?

Mes baisers sont légers comme ces éphémères
Qui caressent le soir les grands lacs transparents,
Et ceux de ton amant creuseront leurs ornières
Comme des chariots ou des socs déchirants;

Ils passeront sur toi comme un lourd attelage
De chevaux et de bœufs aux sabots sans pitié...
Hippolyte, ô ma sœur! tourne donc ton visage,
Toi, mon âme et mon cœur, mon tout et ma moitié,

Tourne vers moi tes yeux pleins d'azur et d'étoiles!
Pour un de ces regards charmants, baume divin,
Des plaisirs plus obscurs je lèverai les voiles
Et je t'endormirai dans un rêve sans fin!'

Mais Hippolyte alors, levant sa jeune tête:
– 'Je ne suis point ingrate et ne me repens pas,
Ma Delphine, je souffre et je suis inquiète,
Comme après un nocturne et terrible repas.

Je sens fondre sur moi de lourdes épouvantes
Et de noirs bataillons de fantômes épars,
Qui veulent me conduire en des routes mouvantes
Qu'un horizon sanglant ferme de toutes parts.

Avons-nous donc commis une action étrange?
Explique, si tu peux, mon trouble et mon effroi:

Je frissonne de peur quand tu me dis: "Mon ange!"
Et cependant je sens ma bouche aller vers toi.

Ne me regarde pas ainsi, toi, ma pensée!
Toi que j'aime à jamais, ma sœur d'élection,
Quand même tu serais une embûche dressée
Et le commencement de ma perdition!'

Delphine, secouant sa crinière tragique,
Et comme trépignant sur le trépied de fer,
L'œil fatal, répondit d'une voix despotique:
– 'Qui donc devant l'amour ose parler d'enfer?

Maudit soit à jamais le rêveur inutile
Qui voulut le premier, dans sa stupidité,
S'éprenant d'un problème insoluble et stérile,
Aux choses de l'amour mêler l'honnêteté!

Celui qui veut unir dans un accord mystique
L'ombre avec la chaleur, la nuit avec le jour,
Ne chauffera jamais son corps paralytique
A ce rouge soleil que l'on nomme l'amour!

Va, si tu veux, chercher un fiancé stupide;
Cours offrir un cœur vierge à ses cruels baisers;
Et pleine de remords et d'horreur, et livide,
Tu me rapporteras tes seins stigmatisés...

On ne peut ici-bas contenter qu'un seul maître!'
Mais l'enfant, épanchant une immense douleur,
Cria soudain: – 'Je sens s'élargir dans mon être
Un abîme béant; cet abîme est mon cœur!

Brûlant comme un volcan, profond comme le vide!
Rien ne rassasiera ce monstre gémissant
Et ne rafraîchira la soif de l'Euménide
Qui, la torche à la main, le brûle jusqu'au sang.

Que nos rideaux fermés nous séparent du monde,
Et que la lassitude amène le repos!
Je veux m'anéantir dans ta gorge profonde
Et trouver sur ton sein la fraîcheur des tombeaux!'

— Descendez, descendez, lamentables victimes,
Descendez le chemin de l'enfer éternel!
Plongez au plus profond du gouffre où tous les crimes,
Flagellés par un vent qui ne vient pas du ciel,

Bouillonnent pêle-mêle avec un bruit d'orage.
Ombres folles, courez au but de vos désirs;
Jamais vous ne pourrez assouvir votre rage,
Et votre châtiment naîtra de vos plaisirs.

Jamais un rayon frais n'éclaira vos cavernes;
Par les fentes des murs des maismes fiévreux
Filtrent en s'enflammant ainsi que des lanternes
Et pénètrent vos corps de leurs parfums affreux.

L'âpre stérilité de votre jouissance
Altère votre soif et roidit votre peau,
Et le vent furibond de la concupiscence
Fait claquer votre chair ainsi qu'un vieux drapeau.

Loin des peuples vivants, errantes condamnées,
A travers les déserts courez comme les loups;
Faites votre destin, âmes désordonnées,
Et fuyez l'infini que vous portez en vous!

115 &--FEMMES DAMNEES

Comme un bétail pensif sur le sable couchées,
Elles tournent leurs yeux vers l'horizon des mers,
Et leurs pieds se cherchant et leurs mains rapprochées
Ont de douces langueurs et des frissons amers.

Les unes, cœurs épris de longues confidences,
Dans le fond des bosquets où jasent les ruisseaux,
Vont épelant l'amour des craintives enfances
Et creusent le bois vert des jeunes arbrisseaux;

D'autres, comme des sœurs, marchent lentes et graves
A travers les rochers pleins d'apparitions,
Où saint Antoine a vu surgir comme des laves
Les seins nus et pourprés de ses tentations;

Il en est, aux lueurs des résines croulantes,
Qui dans le creux muet des vieux antres païens
T'appellent au secours de leurs fièvres hurlantes,
O Bacchus, endormeur des remords anciens!

Et d'autres, dont la gorge aime les scapulaires,
Qui, recélant un fouet sous leurs longs vêtements,
Mêlent, dans le bois sombre et les nuits solitaires,
L'écume du plaisir aux larmes des tourments.

O vierges, ô démons, ô monstres, ô martyres,
De la réalité grands esprits contempteurs,
Chercheuses d'infini, dévotes et satyres,
Tantôt pleines de cris, tantôt pleines de pleurs,

Vous que dans votre enfer mon âme a poursuivies,
Pauvres sœurs, je vous aime autant que je vous plains,
Pour vos mornes douleurs, vos soifs inassouvies,
Et les urnes d'amour dont vos grands cœurs sont pleins!

116 &--LES DEUX BONNES SOEURS

La Débauche et la Mort sont deux aimables filles,
Prodigues de baisers et riches de santé,
Dont le flanc toujours vierge et drapé de guenilles
Sous l'éternel labeur n'a jamais enfanté.

Au poète sinistre, ennemi des familles,
Favori de l'enfer, courtisan mal renté,
Tombeaux et lupanars montrent sous leurs charmilles
Un lit que le remords n'a jamais fréquenté.

Et la bière et l'alcôve en blasphèmes fécondes
Nous offrent tour à tour, comme deux bonnes sœurs,
De terribles plaisirs et d'affreuses douceurs.

Quand veux-tu m'enterrer, Débauche aux bras
                                    [immondes?
O Mort, quand viendras-tu, sa rivale en attraits,
Sur ses myrtes infects enter tes noirs cyprès?

117 ⊱--LA FONTAINE DE SANG

Il me semble parfois que mon sang coule à flots,
Ainsi qu'une fontaine aux rythmiques sanglots.
Je l'entends bien qui coule avec un long murmure,
Mais je me hâte en vain pour trouver la blessure.

A travers la cité, comme dans un champ clos,
Il s'en va, transformant les pavés en îlots,
Désaltérant la soif de chaque créature,
Et partout colorant en rouge la nature.

J'ai demandé souvent à des vins captieux
D'endormir pour un jour la terreur qui me mine;
Le vin rend l'œil plus clair et l'oreille plus fine!

J'ai cherché dans l'amour un sommeil oublieux;
Mais l'amour n'est pour moi qu'un matelas d'aiguilles
Fait pour donner à boire à ces cruelles filles!

309

118 ⚜️ ALLEGORIE

C'est une femme belle et de riche encolure,
Qui laisse dans son vin traîner sa chevelure.
Les griffes de l'amour, les poisons du tripot,
Tout glisse et tout s'émousse au granit de sa peau.
Elle rit à la Mort et nargue la Débauche,
Ces monstres dont la main, qui toujours gratte et fauche,
Dans ses jeux destructeurs a pourtant respecté
De ce corps ferme et droit la rude majesté.
Elle marche en déesse et repose en sultane;
Elle a dans le plaisir la foi mahométane,
Et dans ses bras ouverts, que remplissent ses seins,
Elle appelle des yeux la race des humains.
Elle croit, elle sait, cette vierge inféconde
Et pourtant nécessaire à la marche du monde,
Que la beauté du corps est un sublime don
Qui de toute infamie arrache le pardon.
Elle ignore l'Enfer comme le Purgatoire,
Et quand l'heure viendra d'entrer dans la Nuit noire,
Elle regardera la face de la Mort,
Ainsi qu'un nouveau-né, – sans haine et sans remord.

119 ⚜️ LA BEATRICE

Dans des terrains cendreux, calcinés, sans verdure,
Comme je ma plaignais un jour à la nature,
Et que de ma pensée, en vaguant au hasard,
J'aiguisais lentement sur mon cœur le poignard,
Je vis en plein midi descendre sur ma tête
Un nuage funèbre et gros d'une tempête,
Qui portait un troupeau de démons vicieux,
Semblables à des nains cruels et curieux.
A me considérer froidement ils se mirent,
Et, comme des passants sur un fou qu'ils admirent,

Je les entendis rire et chuchoter entre eux,
En échangeant maint signe et maint clignement d'yeux:

– 'Contemplons à loisir cette caricature
Et cette ombre d'Hamlet imitant sa posture,
Le regard indécis et les cheveux au vent.
N'est-ce pas grand'pitié de voir ce bon vivant,
Ce gueux, cet histrion en vacances, ce drôle,
Parce qu'il sait jouer artistement son rôle,
Vouloir intéresser au chant de ses douleurs
Les aigles, les grillons, les ruisseaux et les fleurs,
Et même à nous, auteurs de ces vieilles rubriques,
Réciter en hurlant ses tirades publiques?'

J'aurais pu (mon orgueil aussi haut que les monts
Domine la nuée et le cri des démons)
Détourner simplement ma tête souveraine,
Si je n'eusse pas vu parmi leur troupe obscène,
Crime qui n'a pas fait chanceler le soleil!
La reine de mon cœur au regard nonpareil,
Qui riait avec eux de ma sombre détresse
Et leur versait parfois quelque sale caresse.

120   LES METAMORPHOSES DU VAMPIRE

La femme cependant, de sa bouche de fraise,
En se tordant ainsi qu'un serpent sur la braise,
Et pétrissant ses seins sur le fer de son busc,
Laissait couler ces mots tout imprégnés de musc:
– 'Moi, j'ai la lèvre humide, et je sais la science
De perdre au fond d'un lit l'antique conscience.
Je sèche tous les pleurs sur mes seins triomphants,
Et fais rire les vieux du rire des enfants.
Je remplace, pour qui me voit nue et sans voiles,
La lune, le soleil, le ciel et les étoiles!

Je suis, mon cher savant, si docte aux voluptés,
Lorsque j'étouffe un homme en mes bras redoutés,
Ou lorsque j'abandonne aux morsures mon buste,
Timide et libertine, et fragile et robuste,
Que sur ces matelas qui se pâment d'émoi,
Les anges impuissants se damneraient pour moi!'

Quand elle eut de mes os sucé toute la moelle,
Et que languissamment je me tournai vers elle
Pour lui rendre un baiser d'amour, je ne vis plus
Qu'une outre aux flancs gluants, toute pleine de pus!
Je fermai les deux yeux, dans ma froide épouvante,
Et quand je les rouvris à la clarté vivante,
A mes côtés, au lieu du mannequin puissant
Qui semblait avoir fait provision de sang,
Tremblaient confusément des débris de squelette,
Qui d'eux-mêmes rendaient le cri d'une girouette
Ou d'une enseigne, au bout d'une tringle de fer,
Que balance le vent pendant les nuits d'hiver.

121 &--UN VOYAGE A CYTHERE

Mon cœur, comme un oiseau, voltigeait tout joyeux
Et planait librement à l'entour des cordages;
Le navire roulait sous un ciel sans nuages,
Comme un ange enivré d'un soleil radieux.

Quelle est cette île triste et noire? – C'est Cythère,
Nous dit-on, un pays fameux dans les chansons,
Eldorado banal de tous les vieux garçons.
Regardez, après tout, c'est une pauvre terre.

– Ile des doux secrets et des fêtes du cœur!
De l'antique Vénus le superbe fantôme
Au-dessus de tes mers plane comme un arome,
Et charge les esprits d'amour et de langueur.

Belle île aux myrtes verts, pleine de fleurs écloses,
Vénérée à jamais par toute nation,
Où les soupirs de cœurs en adoration
Roulent comme l'encens sur un jardin de roses

Ou le roucoulement éternel d'un ramier!
– Cythère n'était plus qu'un terrain des plus maigres,
Un désert rocailleux troublé par des cris aigres.
J'entrevoyais pourtant un objet singulier!

Ce n'était pas un temple aux ombres bocagères,
Où la jeune prêtresse, amoureuse des fleurs,
Allait, le corps brûlé de secrètes chaleurs,
Entre-bâillant sa robe aux brises passagères;

Mais voilà qu'en rasant la côte d'assez près
Pour troubler les oiseaux avec nos voiles blanches,
Nous vîmes que c'était un gibet à trois branches,
Du ciel se détachant en noir, comme un cyprès.

De féroces oiseaux perchés sur leur pâture
Détruisaient avec rage un pendu déjà mûr,
Chacun plantant, comme un outil, son bec impur
Dans tous les coins saignants de cette pourriture;

Les yeux étaient deux trous, et du ventre effondré
Les intestins pesants lui coulaient sur les cuisses,
Et ses bourreaux, gorgés de hideuses délices,
L'avaient à coups de bec absolument châtré.

Sous les pieds, un troupeau de jaloux quadrupèdes,
Le museau relevé, tournoyait et rôdait;
Une plus grande bête au milieu s'agitait
Comme un exécuteur entouré de ses aides.

Habitant de Cythère, enfant d'un ciel si beau,
Silencieusement tu souffrais ces insultes

En expiation de tes infâmes cultes
Et des péchés qui t'ont interdit le tombeau.

Ridicule pendu, tes douleurs sont les miennes!
Je sentis, à l'aspect de tes membres flottants,
Comme un vomissement, remonter vers mes dents
Le long fleuve de fiel des douleurs anciennes;

Devant toi, pauvre diable au souvenir si cher,
J'ai senti tous les becs et toutes les mâchoires
Des corbeaux lancinants et des panthères noires
Qui jadis aimaient tant à triturer ma chair.

– Le ciel était charmant, la mer était unie;
Pour moi tout était noir et sanglant désormais,
Hélas! et j'avais, comme en un suaire épais,
Le cœur enseveli dans cette allégorie.

Dans ton île, ô Vénus! je n'ai trouvé debout
Qu'un gibet symbolique où pendait mon image...
– Ah! Seigneur! donnez-moi la force et le courage
De contempler mon cœur et mon corps sans dégoût!

122 ⟩⟩⟩--L'AMOUR ET LE CRANE

VIEUX CUL-DE-LAMPE

L'amour est assis sur le crâne
        De l'Humanité,
Et sur ce trône le profane,
        Au rire effronté,

Souffle gaiement des bulles rondes
        Qui montent dans l'air,
Comme pour rejoindre les mondes
        Au fond de l'éther.

Le globe lumineux et frêle
    Prend un grand essor,
Crève et crache son âme grêle
    Comme un songe d'or.

J'entends la crâne à chaque bulle
    Prier et gémir:
'Ce jeu féroce et ridicule,
    Quand doit-il finir?

Car ce que ta bouche cruelle
    Eparpille en l'air,
Monstre assassin, c'est ma cervelle,
    Mon sang et ma chair!'

REVOLTE

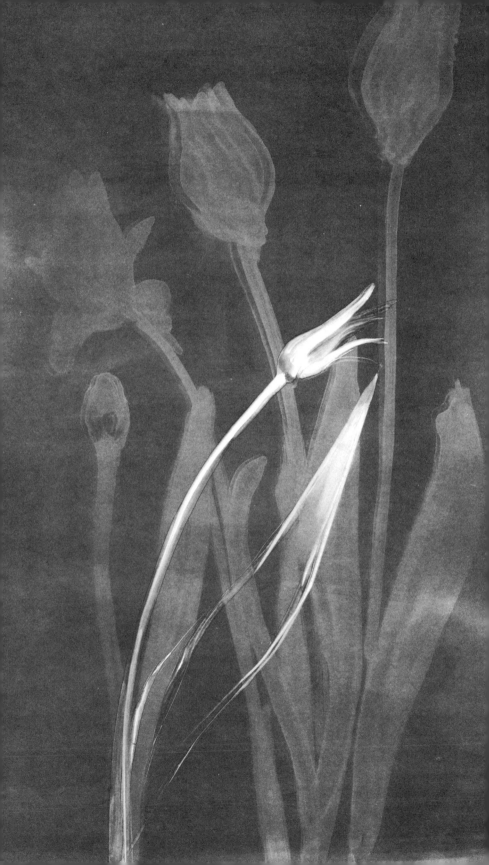

123 ❦ LE RENIEMENT DE SAINT PIERRE

Qu'est-ce que Dieu fait donc de ce flot d'anathèmes
Qui monte tous les jours vers ses chers Séraphins?
Comme un tyran gorgé de viande et de vins,
Il s'endort au doux bruit de nos affreux blasphèmes.

Le sanglots des martyrs et des suppliciés
Sont une symphonie enivrante sans doute,
Puisque, malgré le sang que leur volupté coûte,
Les cieux ne s'en sont point encore rassasiés!

– Ah! Jésus, souviens-toi du Jardin des Olives!
Dans ta simplicité tu priais à genoux
Celui qui dans son ciel riait au bruit des clous
Que d'ignobles bourreaux plantaient dans tes chairs
[vives.

Lorsque tu vis cracher sur ta divinité
La crapule du corps de garde et des cuisines,
Et lorsque tu sentis s'enfoncer les épines
Dans ton crâne où vivait l'immense Humanité;

Quand de ton corps brisé la pesanteur horrible
Allongeait tes deux bras distendus, que ton sang
Et ta sueur coulaient de ton front pâlissant ,
Quand tu fus devant tous posé comme une cible,

Rêvais-tu de ces jours si brillants et si beaux
Où tu vins pour remplir l'éternelle promesse,
Où tu foulais, monté sur une douce ânesse,
Des chemins tout jonchés de fleurs et de rameaux,

Où, le cœur tout gonflé d'espoir et de vaillance,
Tu fouettais tous ces vils marchands à tour de bras,
Où tu fus maître enfin? Le remords n'a-t-il pas
Pénétré dans ton flanc plus avant que la lance?

– Certes, je sortirai, quant à moi, satisfait
D'un monde où l'action n'est pas la sœur du rêve;
Puissé-je user glaive et périr par le glaive!
Saint Pierre a renié Jésus... il a bien fait!

124 ⚜ ABEL ET CAIN

I

Race d'Abel, dors, bois et mange;
Dieu te sourit complaisamment.

Race de Caïn, dans la fange
Rampe et meurs misérablement.

Race d'Abel, ton sacrifice
Flatte le nez du Séraphin!

Race de Caïn, ton supplice
Aura-t-il jamais une fin?

Race d'Abel, vois tes semailles
Et ton bétail venir à bien;

Race de Caïn, tes entrailles
Hurlent la faim comme un vieux chien.

Race d'Abel, chauffe ton ventre
A ton foyer patriarcal;

Race de Caïn, dans ton antre
Tremble de froid, pauvre chacal!

Race d'Abel, aime et pullule!
Ton or fait aussi des petits.

Race de Caïn, cœur qui brûle,
Prends garde à ces grands appétits.

Race d'Abel, tu crois et broutes
Comme les punaises des bois!

Race de Caïn, sur les routes
Traîne ta famille aux abois.

2

Ah! race d'Abel, ta charogne
Engraissera le sol fumant!

Race de Caïn, ta besogne
N'est pas faite suffisamment;

Race d'Abel, voici ta honte:
Le fer est vaincu par l'épieu!

Race de Caïn, au ciel monte
Et sur la terre jette Dieu!

125 ❦—LES LITANIES DE SATAN

O toi, le plus savant et le plus beau des Anges,
Dieu trahi par le sort et privé de louanges,

O Satan, prends pitié de ma longue misère!

O Prince de l'exil, à qui l'on a fait tort,
Et qui, vaincu, toujours te redresses plus fort,

O Satan, prends pitié de ma longue misère!

Toi qui sais tout, grand roi des choses souterraines,
Guérisseur familier des angoisses humaines,

O Satan, prends pitié de ma longue misère!

Toi qui, même aux lépreux, aux parias maudits,
Enseignes par l'amour le goût du Paradis,

O Satan, prends pitié de ma longue misère!

O toi qui de la Mort, ta vieille et forte amante,
Engendras l'Espérance, – une folle charmante!

O Satan, prends pitié de ma longue misère!

Toi qui fais au proscrit ce regard calme et haut
Qui damne tout un peuple autour d'un échafaud,

O Satan, prends pitié de ma longue misère!

Toi qui sais en quels coins des terres envieuses
Le Dieu jaloux cacha les pierres précieuses,

O Satan, prends pitié de ma longue misère!

Toi dont l'œil clair connaît les profonds arsenaux
Où dort enseveli le peuple des métaux,

O Satan, prends pitié de ma longue misère!

Toi dont la large main cache les précipices
Au somnambule errant au bord des édifices,

O Satan, prends pitié de ma longue misère!

Toi qui, magiquement, assouplis les vieux os
De l'ivrogne attardé foulé par les chevaux,

O Satan, prends pitié de ma longue misère!

Toi qui, pour consoler l'homme frêle qui souffre,
Nous appris à mêler le salpêtre et le soufre,

O Satan, prends pitié de ma longue misère!

Toi qui poses ta marque, ô complice subtil,
Sur le front du Crésus impitoyable et vil,

O Satan, prends pitié de ma longue misère!

Toi qui mets dans les yeux et dans le cœur des filles
Le culte de la plaie et l'amour des guenilles,

O Satan, prends pitié de ma longue misère!

Bâton des exilés, lampe des inventeurs,
Confesseur des pendus et des conspirateurs,

O Satan, prends pitié de ma longue misère!

Père adoptif de ceux qu'en sa noire colère
Du paradis terrestre a chassés Dieu le Père,

O Satan, prends pitié de ma longue misère!

PRIERE

Gloire et louange à toi, Satan, dans les hauteurs
Du Ciel, où tu régnas, et dans les profondeurs
De l'Enfer, où, vaincu, tu rêves en silence!
Fais que mon âme un jour, sous l'Arbre de Science,
Près de toi se repose, à l'heure où sur ton front
Comme un Temple nouveau ses rameaux s'épandront!

LA MORT

126 }&--L A M O R T D E S A M A N T S

Nous aurons des lits pleins d'odeurs légères,
Des divans profonds comme des tombeaux,
Et d'étranges fleurs sur des étagères,
Ecloses pour nous sous des cieux plus beaux.

Usant à l'envi leurs chaleurs dernières,
Nos deux cœurs seront deux vastes flambeaux,
Qui réfléchiront leurs doubles lumières
Dans nos deux esprits, ces miroirs jumeaux.

Un soir fait de rose et de bleu mystique,
Nous échangerons un éclair unique,
Comme un long sanglot, tout chargé d'adieux;

Et plus tard un Ange, entr'ouvrant les portes,
Viendra ranimer, fidèle et joyeux,
Les miroirs ternis et les flammes mortes.

127 }&--L A M O R T D E S P A U V R E S

C'est la mort qui console, hélas! et qui fait vivre;
C'est le but de la vie, et c'est le seul espoir
Qui, comme un élixir, nous monte et nous enivre,
Et nous donne le cœur de marcher jusqu'au soir;

A travers la tempête, et la neige, et le givre,
C'est la clarté vibrante à notre horizon noir;
C'est l'auberge fameuse inscrite sur le livre,
Où l'on pourra manger, et dormir, et s'asseoir;

C'est un Ange qui tient dans ses doigts magnétiques
Le sommeil et le don des rêves extatiques,
Et qui refait le lit des gens pauvres et nus;

C'est la gloire des Dieux, c'est le grenier mystique,
C'est la bourse du pauvre et sa patrie antique,
C'est le portique ouvert sur les Cieux inconnus!

128 ⟩⟩·--LA MORT DES ARTISTES

Combien faut-il de fois secouer mes grelots
Et baiser ton front bas, morne caricature?
Pour piquer dans le but, de mystique nature,
Combien, ô mon carquois, perdre de javelots?

Nous userons notre âme en de subtils complots,
Et nous démolirons mainte lourde armature,
Avant de contempler la grande Créature
Dont l'infernal désir nous remplit de sanglots!

Il en est qui jamais n'ont connu leur Idole,
Et ces sculpteurs damnés et marqués d'un affront,
Qui vont se martelant la poitrine et le front,

N'ont qu'un espoir, étrange et sombre Capitole!
C'est que la Mort, planant comme un soleil nouveau,
Fera s'épanouir les fleurs de leur cerveau!

129 ⟩⟩·--LA FIN DE LA JOURNEE

Sous une lumière blafarde
Court, danse et se tord sans raison
La Vie, impudente et criarde.
Aussi, sitôt qu'à l'horizon

La nuit voluptueuse monte,
Apaisant tout, même la faim,
Effaçant tout, même la honte,
Le Poète se dit: 'Enfin!

Mon esprit, comme mes vertèbres,
Invoque ardemment le repos;
Le cœur plein de songes funèbres,

Je vais me coucher sur le dos
Et me rouler dans vos rideaux,
O rafraîchissantes ténèbres!'

130 ⊱-LE REVE D'UN CURIEUX

A F. N.

Connais-tu, comme moi, la douleur savoureuse,
Et de toi fais-tu dire: 'Oh! l'homme singulier!'
– J'allais mourir. C'était dans mon âme amoureuse,
Désir mêlé d'horreur, un mal particulier;

Angoisse et vif espoir, sans humeur factieuse.
Plus allait se vidant le fatal sablier,
Plus ma torture était âpre et délicieuse;
Tout mon cœur s'arrachait au monde familier.

J'étais comme l'enfant avide du spectacle,
Haïssant le rideau comme on hait un obstacle...
Enfin la vérité froide se révéla:

J'étais mort sans surprise, et la terrible aurore
M'enveloppait. – Eh quoi! n'est-ce donc que cela?
La toile était levée et j'attendais encore.

131 ⊱-LE VOYAGE

A Maxime Du Camp

I

Pour l'enfant, amoureux de cartes et d'estampes,
L'univers est égal à son vaste appétit.

Ah! que le monde est grand à la clarté des lampes!
Aux yeux du souvenir que le monde est petit!

Un matin nous partons, le cerveau plein de flamme,
Le cœur gros de rancune et de désirs amers,
Et nous allons, suivant le rythme de la lame,
Berçant notre infini sur le fini des mers:

Les uns, joyeux de fuir une patrie infâme;
D'autres, l'horreur de leurs berceaux, et quelques-uns,
Astrologues noyés dans les yeux d'une femme,
La Circé tyrannique aux dangereux parfums.

Pour n'être pas changés en bêtes, ils s'enivrent
D'espace et de lumière et de cieux embrasés;
La glace qui les mord, les soleils qui les cuivrent,
Effacent lentement la marque des baisers.

Mais les vrais voyageurs sont ceux-là seuls qui partent
Pour partir; cœurs légers, semblables aux ballons,
De leur fatalité jamais ils ne s'écartent,
Et, sans savoir pourquoi, disent toujours: Allons!

Ceux-là dont les désirs ont la forme des nues,
Et qui rêvent, ainsi qu'un conscrit le canon,
De vastes voluptés, changeantes, inconnues,
Et dont l'esprit humain n'a jamais su le nom!

2

Nous imitons, horreur! la toupie et la boule
Dans leur valse et leurs bonds; même dans nos sommeils
La Curiosité nous tourmente et nous roule,
Comme un Ange cruel qui fouette des soleils.

Singulière fortune où le but se déplace,
Et, n'étant nulle part, peut être n'importe où!

Où l'Homme, dont jamais l'espérance n'est lasse,
Pour trouver le repos court toujours comme un fou!

Notre âme est un trois-mâts cherchant son Icarie;
Une voix retentit sur le pont: 'Ouvre l'œil!'
Une voix de la hune, ardente et folle, crie:
'Amour... gloire... bonheur!' Enfer! c'est un écueil!

Chaque îlot signalé par l'homme de vigie
Est un Eldorado promis par le Destin;
L'Imagination qui dresse son orgie
Ne trouve qu'un récif aux clartés du matin.

O le pauvre amoureux des pays chimériques!
Faut-il le mettre aux fers, le jeter à la mer,
Ce matelot ivrogne, inventeur d'Amériques
Dont le mirage rend le gouffre plus amer?

Tel le vieux vagabond, piétinant dans la boue,
Rêve, le nez en l'air, de brillants paradis;
Son œil ensorcelé découvre une Capoue
Partout où la chandelle illumine un taudis.

3
Etonnants voyageurs! quelles nobles histoires
Nous lisons dans vos yeux profonds comme les mers!
Montrez-nous les écrins de vos riches mémoires,
Ces bijoux merveilleux, faits d'astres et d'éthers.

Nous voulons voyager sans vapeur et sans voile!
Faites, pour égayer l'ennui de nos prisons,
Passer sur nos esprits, tendus comme une toile,
Vos souvenirs avec leurs cadres d'horizons.

Dites, qu'avez-vous vu?

4

'Nous avons vu des astres
Et des flots; nous avons vu des sables aussi;
Et, malgré bien des chocs et d'imprévus désastres,
Nous nous sommes souvent ennuyés, comme ici.

La gloire du soleil sur la mer violette,
La gloire des cités dans le soleil couchant,
Allumaient dans nos cœurs une ardeur inquiète
De plonger dans un ciel au reflet alléchant.

Les plus riches cités, les plus grands paysages,
Jamais ne contenaient l'attrait mystérieux
De ceux que le hasard fait avec les nuages.
Et toujours le désir nous rendait soucieux!

– La jouissance ajoute au désir de la force.
Désir, vieil arbre à qui le plaisir sert d'engrais,
Cependant que grossit et durcit ton écorce,
Tes branches veulent voir le soleil de plus près!

Grandiras-tu toujours, grand arbre plus vivace
Que le cyprès? – Pourtant nous avons, avec soin,
Cueilli quelques croquis pour votre album vorace,
Frères qui trouvez beau tout ce qui vient de loin!

Nous avons salué des idoles à trompe;
Des trônes constellés de joyaux lumineux;
Des palais ouvragés dont la féerique pompe
Serait pour vos banquiers un rêve ruineux;

Des costumes qui sont pour les yeux une ivresse;
Des femmes dont les dents et les ongles sont teints,
Et des jongleurs savants que le serpent caresse.'

5

Et puis, et puis encore?

6

'O cerveaux enfantins!

Pour ne pas oublier la chose capitale,
Nous avons vu partout, et sans l'avoir cherché,
Du haut jusques en bas de l'échelle fatale,
Le spectacle ennuyeux de l'immortel péché:

La femme, esclave vile, orgueilleuse et stupide,
Sans rire s'adorant et s'aimant sans dégoût;
L'homme, tyran goulu, paillard, dur et cupide,
Esclave de l'esclave et ruisseau dans l'égout;

Le bourreau qui jouit, le martyr qui sanglote;
La fête qu'assaisonne et parfume le sang;
Le poison du pouvoir énervant le despote,
Et le peuple amoureux du fouet abrutissant;

Plusieurs religions semblables à la nôtre,
Toutes escaladant le ciel; la Sainteté,
Comme en un lit de plume un délicat se vautre,
Dans les clous et le crin cherchant la volupté;

L'Humanité bavarde, ivre de son génie,
Et, folle maintenant comme elle était jadis,
Criant à Dieu, dans sa furibonde agonie:
"O mon semblable, ô mon maître, je te maudis!"

Et les moins sots, hardis amants de la Démence,
Fuyant le grand troupeau parqué par le Destin,
Et se réfugiant dans l'opium immense!
– Tel est du globe entier l'éternel bulletin.'

7

Amer savoir, celui qu'on tire du voyage!
Le monde, monotone et petit, aujourd'hui,

Hier, demain, toujours, nous fait voir image:
Une oasis d'horreur dans un désert d'ennui!

Faut-il partir? rester? Si tu peux rester, reste;
Pars, s'il le faut. L'un court, et l'autre se tapit
Pour tromper l'ennemi vigilant et funeste,
Le Temps! Il est, hélas! des coureurs sans répit,

Comme le Juif errant et comme les apôtres,
A qui rien ne suffit, ni wagon ni vaisseau,
Pour fuir ce rétiaire infâme; il en est d'autres
Qui savent le tuer sans quitter leur berceau.

Lorsque enfin il mettra le pied sur notre échine,
Nous pourrons espérer et crier: En avant!
De même qu'autrefois nous partions pour la Chine,
Les yeux fixés au large et les cheveux au vent,

Nous nous embarquerons sur la mer des Ténèbres
Avec le cœur joyeux d'un jeune passager.
Entendez-vous ces voix, charmantes et funèbres,
Qui chantent: 'Par ici! vous qui voulez manger

Le Lotus parfumé! c'est ici qu'on vendange
Les fruits miraculeux dont votre cœur a faim;
Venez vous enivrer de la douceur étrange
De cette après-midi qui n'a jamais de fin?'

A l'accent familier nous devinons le spectre;
Nos Pylades là-bas tendent leurs bras vers nous.
'Pour rafraîchir ton cœur nage vers ton Electre!'
Dit celle dont jadis nous baisions les genoux.

8

O Mort, vieux capitaine, il est temps! levons l'ancre.
Ce pays nous ennuie, ô Mort! Appareillons!

Si le ciel et la mer sont noirs comme de l'encre,
Nos cœurs que tu connais sont remplis de rayons!

Verse-nous ton poison pour qu'il nous réconforte!
Nous voulons, tant ce feu nous brûle le cerveau,
Plonger au fond du gouffre, Enfer ou Ciel, qu'importe?
Au fond de l'Inconnu pour trouver du *nouveau!*

POEMES
SUPPLEMENTAIRES

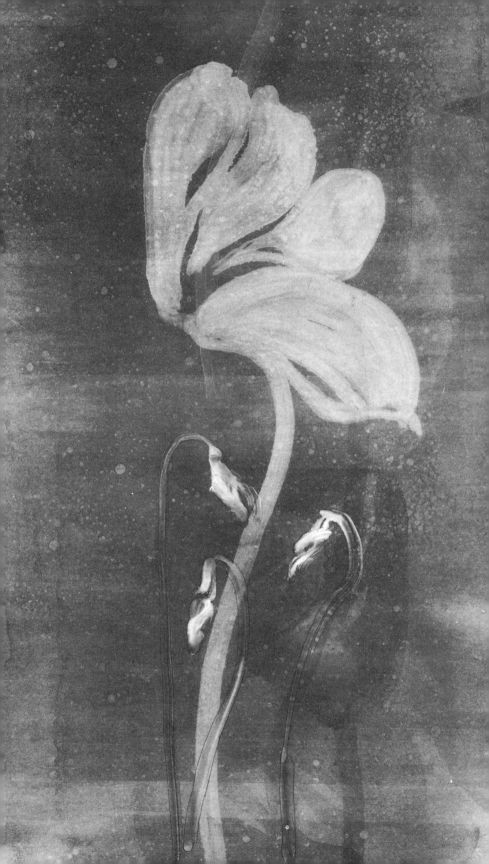

1 𝄞 — LE JET D'EAU

Tes beaux yeux sont las, pauvre amante !
Reste longtemps, sans les rouvrir,
Dans cette pose nonchalante
Où t'a surprise le plaisir.
Dans la cour le jet d'eau qui jase
Et ne se tait ni nuit ni jour,
Entretient doucement l'extase
Où ce soir m'a plongé l'amour.

    La gerbe épanouie
        En mille fleurs,
    Où Phœbé réjouie
        Met ses couleurs,
    Tombe comme une pluie
        De larges pleurs.

Ainsi ton âme qu'incendie
L'éclair brûlant des voluptés
S'élance, rapide et hardie,
Vers les vastes cieux enchantés.
Puis, elle s'épanche, mourante,
En un flot de triste langueur,
Qui par une invisible pente
Descend jusqu'au fond de mon cœur.

    La gerbe épanouie
        En mille fleurs,
    Où Phœbé réjouie
        Met ses couleurs,
    Tombe comme une pluie
        De larges pleurs.

O toi, que la nuit rend si belle,
Qu'il m'est doux, penché vers tes seins,
D'écouter la plainte éternelle
Qui sanglote dans les bassins !

339

Lune, eau sonore, nuit bénie,
Arbres qui frissonnez autour,
Votre pure mélancolie
Est le miroir de mon amour.

La gerbe épanouie
En mille fleurs,
Où Phœbé réjouie
Met ses couleurs,
Tombe comme une pluie
De larges pleurs.

2 &-- LES YEUX DE BERTHE

Vous pouvez mépriser les yeux plus célèbres,
Beaux yeux de mon enfant, par où filtre et s'enfuit
Je ne sais quoi de bon, de doux comme la Nuit !
Beaux yeux, versez sur moi vos charmantes ténèbres !

Grands yeux de mon enfant, arcanes adorés,
Vous ressemblez beaucoup à ces grottes magiques
Où, derrière l'amas des ombres léthargiques,
Scintillent vaguement des trésors ignorés !

Mon enfant a des yeux obscurs, profonds et vastes,
Comme toi, Nuit immense, éclairés comme toi !
Leurs feux sont ces pensers d'Amour, mêlés de Foi,
Qui pétillent au fond, voluptueux ou chastes.

3 &-- HYMNE

A la très-chère, à la très-belle
Qui remplit mon cœur de clarté,
A l'ange, à l'idole immortelle,
Salut en l'immortalité !

Elle se répand dans ma vie
Comme un air imprégné de sel,
Et dans mon âme inassouvie
Verse le goût de l'éternel.

Sachet toujours frais qui parfume
L'atmosphère d'un cher réduit,
Encensoir oublié qui fume
En secret à travers la nuit,

Comment, amour incorruptible,
T'exprimer avec vérité ?
Grain de musc qui gis, invisible,
Au fond de mon éternité !

A la très-bonne, à la très-belle
Qui fait ma joie et ma santé,
A l'ange, à l'idole immortelle,
Salut en l'immortalité !

4 **--- LES PROMESSES D'UN VISAGE

J'aime, ô pâle beauté, tes sourcils surbaissés,
 D'où semblent couler des ténèbres;
Tes yeux, quoique très-noirs, m'inspirent des pensers
 Qui ne sont pas du tout funèbres.

Tes yeux, qui sont d'accord avec tes noirs cheveux,
 Avec ta crinière élastique,
Tes yeux, languissamment, me disent: 'Si tu veux,
 Amant de la muse plastique,

Suivre l'espoir qu'en toi nous avons excité,
 Et tous les goûts que tu professes,
Tu pourras constater notre véracité
 Depuis le nombril jusqu'aux fesses;

Tu trouveras, au bout de deux beaux seins bien lourds,
  Deux larges médailles de bronze,
Et sous un ventre uni, doux comme du velours,
  Bistré comme la peau d'un bonze,

Une riche toison qui, vraiment, est la sœur
  De cette énorme chevelure,
Souple et frisée, et qui t'égale en épaisseur,
  Nuit sans étoiles, Nuit obscure !'

5 — TROIS EPIGRAPHES

VERS POUR LE PORTRAIT
DE M. HONORE DAUMIER

Celui dont nous t'offrons l'image,
Et dont l'art, subtil entre tous,
Nous enseigne à rire de nous,
Celui-là, lecteur, est un sage.

C'est un satirique, un moqueur;
Mais l'énergie avec laquelle
Il peint le Mal et sa séquelle,
Prouve la beauté de son cœur.

Son rire n'est pas la grimace
De Melmoth ou de Méphisto
Sous la torche de l'Alecto
Qui les brûle, mais qui nous glace,

Leur rire, hélas ! de la gaieté
N'est que la douloureuse charge;
Le sien rayonne, franc et large,
Comme un signe de sa bonté!

LOLA DE VALENCE

Entre tant de beautés que partout on peut voir,
Je comprends bien, amis, que le désir balance;

Mais on voit scintiller en Lola de Valence
Le charme inattendu d'un bijou rose et noir.

SUR 'LE TASSE EN PRISON'
D'EUGENE DELACROIX

Le poète au cachot, débraillé, maladif,
Roulant un manuscrit sous son pied convulsif,
Mesure d'un regard que la terreur enflamme
L'escalier de vertige où s'abîme son âme.

Les rires enivrants dont s'emplit la prison
Vers l'étrange et l'absurde invitent sa raison;
Le Doute l'environne, et la Peur ridicule,
Hideuse et multiforme, autour de lui circule.

Ce génie enfermé dans un taudis malsain,
Ces grimaces, ces cris, ces spectres dont l'essaim
Tourbillonne, ameuté derrière son oreille,

Ce rêveur que l'horreur de son logis réveille,
Voilà bien ton emblème, Ame aux songes obscurs,
Que le Réel étouffe entre ses quatre murs!

6 ᴊ─ LA VOIX

Mon berceau s'adossait à la bibliothèque,
Babel sombre, où roman, science, fabliau,
Tout, la cendre latine et la poussière grecque,
Se mêlaient. J'étais haut comme un in-folio.
Deux voix me parlaient. L'une, insidieuse et ferme,
Disait: 'La Terre est un gâteau plein de douceur;
Je puis (et ton plaisir serait alors sans terme!)
Te faire un appétit d'une égale grosseur.'
Et l'autre: 'Viens! oh! viens voyager dans les rêves,
Au delà du possible, au delà du connu!'
Et celle-là chantait comme le vent des grèves,
Fantôme vagissant, on ne sait d'où venu,

Qui caresse l'oreille et cependant l'effraie.
Je te répondis: 'Oui! douce voix!' C'est d'alors
Que date ce qu'on peut, hélas! nommer ma plaie
Et ma fatalité. Derrière les décors
De l'existence immense, au plus noir de l'abîme,
Je vois distinctement des mondes singuliers,
Et, de ma clairvoyance extatique victime,
Je traîne des serpents qui mordent mes souliers.
Et c'est depuis ce temps que pareil aux prophètes,
J'aime si tendrement le désert et la mer;
Que je ris dans les deuils et pleure dans les fêtes,
Et trouve un goût suave au vin le plus amer;
Que je prends très-souvent les faits pour des mensonges,
Et que, les yeux au ciel, je tombe dans des trous.
Mais la Voix me console et dit: 'Garde tes songes:
Les sages n'en ont pas d'aussi beaux que les fous!'

7 ⌘⁓ L'Imprevu

Harpagon qui veillait son père agonisant,
Se dit, rêveur, devant ces lèvres déjà blanches:
'Nous avons au grenier un nombre suffisant,
　　Ce me semble, de vieilles planches?'

Célimène roucoule et dit: 'Mon cœur est bon,
Et naturellement, Dieu m'a faite très-belle.'
– Son cœur! cœur racorni, fumé comme un jambon,
　　Recuit à la flamme éternelle!

Un gazetier fumeux, qui se croit un flambeau,
Dit au pauvre, qu'il a noyé dans les ténèbres:
'Où donc l'aperçois-tu, ce créateur du Beau,
　　Ce redresseur que tu célèbres?'

Mieux que tous, je connais certain voluptueux
Qui bâille nuit et jour, et se lamente et pleure,

Répétant, l'impuissant et le fat: 'Oui, je veux
    Etre vertueux, dans une heure!'

L'Horloge à son tour, dit à voix basse: 'Il est mûr,
Le damné! J'avertis en vain la chair infecte.
L'homme est aveugle, sourd, fragile comme un mur
    Qu'habite et que ronge un insecte!'

Et puis, quelqu'un paraît que tous avaient nié,
Et qui leur dit, railleur et fier: 'Dans mon ciboire,
Vous avez, que je crois, assez communié
    A la joyeuse Messe noire?

Chacun de vous m'a fait un temple dans son cœur;
Vous avez, en secret, baisé ma fesse immonde!
Reconnaissez Satan à son rire vainqueur,
    Enorme et laid comme le monde!

Avez-vous donc pu croire, hypocrites surpris,
Qu'on se moque du maître, et qu'avec lui l'on triche,
Et qu'il soit naturel de recevoir deux prix, .
    D'aller au Ciel et d'être riche?

Il faut que le gibier paye le vieux chassseur
Qui se morfond longtemps à l'affût de la proie.
Je vais vous emporter à travers l'épaisseur,
    Compagnons de ma triste joie,

A travers l'épaisseur de la terre et du roc,
A travers les amas confus de votre cendre,
Dans un palais aussi grand que moi, d'un seul bloc
    Et qui n'est pas de pierre tendre;

Car il est fait avec l'universel Péché,
Et contient mon orgueil, ma douleur et ma gloire!'
– Cependant, tout en haut de l'univers juché,
    Un ange sonne la victoire

De ceux dont le cœur dit: 'Que béni soit son fouet,
Seigneur! que la Douleur, ô Père, soit bénie!
Mon âme dans tes mains n'est pas un vain jouet,
    Et ta prudence est infinie.'

Le son de la trompette est si délicieux,
Dans ces soirs solennels de célestes vendanges,
Qu'il s'infiltre comme une extase dans tous ceux
    Dont elle chante les louanges.

8   A UNE MALABARAISE

Tes pieds sont aussi fins que tes mains et ta hanche
Est large à faire envie à la plus belle blanche;
A l'artiste pensif ton corps est doux et cher;
Tes grands yeux de velours sont plus noirs que ta chair.
Aux pays chauds et bleus où ton Dieu t'a fait naître,
Ta tâche est d'allumer la pipe de ton maître,
De pourvoir les flacons d'eaux fraîches et d'odeurs,
De chasser loin du lit les moustiques rôdeurs,
Et, dès que le matin fait chanter les platanes,
D'acheter au bazar ananas et bananes.
Tout le jour, où tu veux, tu mènes tes pieds nus,
Et fredonnes tout bas de vieux airs inconnus;
Et quand descend le soir au manteau d'écarlate,
Tu poses doucement ton corps sur une natte,
Où tes rêves flottants sont pleins de colibris,
Et toujours, comme toi, gracieux et fleuris.

Pourquoi, l'heureuse enfant, veux-tu voir notre France,
Ce pays trop peuplé que fauche la souffrance,
Et, confiant ta vie aux bras forts des marins,
Faire de grands adieux à tes chers tamarins?
Toi, vêtue à moitié de mousselines frêles,
Frissonnante là-bas sous la neige et les grêles,
Comme tu pleurerais tes loisirs doux et francs,

Si, le corset brutal emprisonnant tes flancs,
Il te fallait glaner ton souper dans nos fanges
Et vendre le parfum de tes charmes étranges,
L'œil pensif, et suivant, dans nos sales brouillards,
Des cocotiers absents les fantômes épars!

9 – BIEN LOIN D'ICI

C'est ici la case sacrée
Où cette fille très-parée,
Tranquille et toujours préparée,

D'une main éventant ses seins,
Et son coude dans les coussins,
Ecoute pleurer les bassins:

C'est la chambre de Dorothée.
– La brise et l'eau chantent au loin
Leur chanson de sanglots heurtée
Pour bercer cette enfant gâtée.

De haut en bas, avec grand soin,
Sa peau délicate est frottée
D'huile odorante et de benjoin.
– Des fleurs se pâment dans un coin.

10 – LE COUCHER DU SOLEIL ROMANTIQUE

Que le soleil est beau quand tout frais il se lève,
Comme une explosion nous lançant son bonjour!
– Bienheureux celui-là qui peut avec amour
Saluer son coucher plus glorieux qu'un rêve!

Je me souviens! J'ai vu tout, fleur, source, sillon,
Se pâmer sous son œil comme un cœur qui palpite...

– Courons vers l'horizon, il est tard, courons vite,
Pour attraper au moins un oblique rayon!

Mais je poursuis en vain le Dieu qui se retire;
L'irrésistible Nuit établit son empire,
Noire, humide, funeste et pleine de frissons;

Une odeur de tombeau dans les ténèbres nage,
Et mon pied peureux froisse, au bord du marécage,
Des crapauds imprévus et de froids limaçons.

11 }&-- L'EXAMEN DE MINUIT

La pendule, sonnant minuit,
Ironiquement nous engage
A nous rappeler quel usage
Nous fîmes du jour qui s'enfuit:
– Aujourd'hui, date fatidique,
Vendredi, treize, nous avons,
Malgré tout ce que nous savons,
Mené le train d'un hérétique;

Nous avons blasphémé Jésus,
Des Dieux le plus incontestable!
Comme un parasite à la table
De quelque monstrueux Crésus,
Nous avons, pour plaire à la brute,
Digne vassale des Démons,
Insulté ce que nous aimons,
Et flatté ce qui nous rebute;

Contristé, servile bourreau,
Le faible qu'à tort on méprise;
Salué l'énorme Bêtise,
La Bêtise au front de taureau;
Baisé la stupide Matière

Avec grande dévotion,
Et de la putréfaction
Béni la blafarde lumière.

Enfin, nous avons, pour noyer
Le vertige dans le délire,
Nous, prêtre orgueilleux de la Lyre,
Dont la gloire est de déployer
L'ivresse des choses funèbres,
Bu sans soif et mangé sans faim!...
– Vite soufflons la lampe, afin
De nous cacher dans les ténèbres!

12 ⟩⟩— MADRIGAL TRISTE

I
Que m'importe que tu sois sage?
Sois belle! et sois triste! Les pleurs
Ajoutent un charme au visage,
Comme le fleuve au paysage;
L'orage rajeunit les fleurs.

Je t'aime surtout quand la joie
S'enfuit de ton front terrassé;
Quand ton cœur dans l'horreur se noie;
Quand sur ton présent se déploie
Le nuage affreux du passé.

Je t'aime quand ton grand œil verse
Une eau chaude comme le sang;
Quand, malgré ma main qui te berce,
Ton angoisse, trop lourde, perce
Comme un râle d'agonisant.

J'aspire, volupté divine!
Hymne profond, délicieux!
Tous les sanglots de ta poitrine,

Et crois que ton cœur s'illumine
Des perles que versent tes yeux!

2

Je sais que ton cœur, qui regorge
De vieux amours déracinés,
Flamboie encor comme une forge,
Et que tu couves sous ta gorge
Un peu de l'orgueil des damnés;

Mais tant, ma chère, que tes rêves
N'auront pas reflété l'Enfer,
Et qu'en un cauchemar sans trêves,
Songeant de poisons et de glaives,
Eprise de poudre et de fer,

N'ouvrant à chacun qu'avec crainte,
Déchiffrant le malheur partout,
Te convulsant quand l'heure tinte,
Tu n'auras pas senti l'étreinte
De l'irrésistible Dégoût,

Tu ne pourras, esclave reine
Qui ne m'aimes qu'avec effroi,
Dans l'horreur de la nuit malsaine
Me dire, l'âme de cris pleine:
'Je suis ton égale, ô mon Roi!'

13 ❧⸻ LE REBELLE

Un Ange furieux fond du ciel comme un aigle,
Du mécréant saisit à plein poing les cheveux,
Et dit, le secouant: 'Tu connaîtras la règle!
(Car je suis ton bon Ange, entends-tu?) Je le veux!

Sache qu'il faut aimer, sans faire la grimace,
Le pauvre, le méchant, le tortu, l'hébété,
Pour que tu puisses faire à Jésus, quand il passe,
Un tapis triomphal avec ta charité.

Tel est l'Amour! Avant que ton cœur ne se blase,
A la gloire de Dieu rallume ton extase;
C'est la Volupté vraie aux durables appas!'

Et l'Ange, châtiant autant, ma foi! qu'il aime,
De ses poings de géant torture l'anathème;
Mais le damné répond toujours: 'Je ne veux pas!'

14 }‒‒ La Priere d'un paien

Ah! ne ralentis pas tes flammes;
Réchauffe mon cœur engourdi,
Volupté, torture des âmes!
Diva! supplicem exaudi!

Déesse dans l'air répandue,
Flamme dans notre souterrain!
Exauce une âme morfondue,
Qui te consacre un chant d'airain.

Volupté, sois toujours ma reine!
Prends le masque d'une sirène
Faite de chair et de velours,

Ou verse-moi tes sommeils lourds
Dans le vin informe et mystique,
Volupté, fantôme élastique!

15)%-- RECUEILLEMENT

Sois sage, ô ma Douleur, et tiens-toi plus tranquille.
Tu réclamais le Soir; il descend; le voici:
Une atmosphère obscure enveloppe la ville,
Aux uns portant la paix, aux autres le souci.

Pendant que des mortels la multitude vile,
Sous le fouet du Plaisir, ce bourreau sans merci,
Va cueillir des remords dans la fête servile,
Ma Douleur, donne-moi la main; viens par ici,

Loin d'eux. Vois se pencher les défuntes Années,
Sur les balcons du ciel, en robes surannées;
Surgir du fond des eaux le Regret souriant;

Le Soleil moribond s'endormir sous une arche,
Et, comme un long linceul traînant à l'Orient,
Entends, ma chère, entends la douce Nuit qui marche.

16)%-- LE GOUFFRE

Pascal avait son gouffre, avec lui se mouvant.
– Hélas! tout est abîme, – action, désir, rêve,
Parole! et sur mon poil qui tout droit se relève
Maintes fois de la Peur je sens passer le vent.

En haut, en bas, partout, la profondeur, la grève,
Le silence, l'espace affreux et captivant...
Sur le fond de mes nuits Dieu de son doigt savant
Dessine un cauchemar multiforme et sans trêve.

J'ai peur du sommeil comme on a peur d'un grand trou,
Tout plein de vague horreur, menant on ne sait où;
Je ne vois qu'infini par toutes les fenêtres,

Et mon esprit, toujours du vertige hanté,
Jalouse du néant l'insensibilité.
– Ah! ne jamais sortir des Nombres et des Etres!

17 ⌇— LES PLAINTES D'UN ICARE

Les amants des prostituées
Sont heureux, dispos et repus;
Quant à moi, mes bras sont rompus
Pour avoir étreint des nuées.

C'est grâce aux astres nonpareils,
Qui tout au fond du ciel flamboient,
Que mes yeux consumés ne voient
Que des souvenirs de soleils.

En vain j'ai voulu de l'espace
Trouver la fin et le milieu;
Sous je ne sais quel œil de feu
Je sens mon aile qui se casse;

Et brûlé par l'amour du beau,
Je n'aurai pas l'honneur sublime
De donner mon nom à l'abîme
Qui me servira de tombeau.

18 ⌇— LE COUVERCLE

En quelque lieu qu'il aille, ou sur mer ou sur terre,
Sous un climat de flamme ou sous un soleil blanc,
Serviteur de Jésus, courtisan de Cythère,
Mendiant ténébreux ou Crésus rutilant,

Citadin, campagnard, vagabond, sédentaire,
Que son petit cerveau soit actif ou soit lent,
Partout l'homme subit la terreur du mystère,
Et ne regarde en haut qu'avec un œil tremblant.

En haut, le Ciel! ce mur de caveau qui l'étouffe,
Plafond illuminé par un opéra bouffe
Où chaque histrion foule un sol ensanglanté;

Terreur du libertin, espoir du fol ermite:
Le Ciel! couvercle noir de la grande marmite
Où bout l'imperceptible et vaste Humanité.

19)•·— LA LUNE OFFENSEE

O Lune qu'adoraient discrètement nos pères,
Du haut des pays bleus où, radieux sérail,
Les astres vont te suivre en pimpant attirail,
Ma vieille Cynthia, lampe de nos repaires,

Vois-tu les amoureux, sur leurs grabats prospères,
De leur bouche en dormant montrer le frais émail?
Le poète buter du front sur son travail?
Ou sous les gazons secs s'accoupler les vipères?

Sous ton domino jaune, et d'un pied clandestin,
Vas-tu, comme jadis, du soir jusqu'au matin,
Baiser d'Endymion les grâces surannées?

— 'Je vois ta mère, enfant de ce siècle appauvri,
Qui vers son miroir penche un lourd amas d'années,
Et plâtre artistement le sein qui t'a nourri!'

20 ⅌— EPIGRAPHE POUR UN LIVRE CONDAMNE

Lecteur paisable et bucolique,
Sobre et naïf homme de bien,
Jette ce livre saturnien,
Orgiaque et mélancolique.

Si tu n'as fait ta rhétorique
Chez Satan, le rusé doyen,
Jette! tu n'y comprendrais rien,
Ou tu me croirais hystérique.

Mais si, sans se laisser charmer,
Ton œil sait plonger dans les gouffres,
Lis-moi, pour apprendre à m'aimer;

Ame curieuse qui souffres
Et vas cherchant ton paradis,
Plains-moi... Sinon je te maudis!

INDEX

Please note: All page numbers in roman refer to the translations; all page numbers in italic refer to the originals.

THE POEMS IN ENGLISH

THE POEMS IN FRENCH

≈ LES FLEURS DU MAL ≈

has been set in Intertype Garamond No. 3, a modern rendering of the type first cut by Claude Garamond (1510–1561). Garamond was a pupil of Geoffroy Tory and is believed to have based his letters on the Venetian models, although he introduced a number of important differences, and it is to him we owe the letter which we know as old-style. He gave to his letters a certain elegance and a feeling of movement that won for their creator an immediate reputation and the patronage of Francis I of France.

Composed by Service Typesetting, Austin, Texas
Typography design by Herb Bowes